PUBLICATION DE LA RÉUNION DES OFFICIERS

RÈGLEMENT

DU 3 AOUT 1870

SUR

LES EXERCICES

DE

L'INFANTERIE DE L'ARMÉE ROYALE

DE PRUSSE.

TRADUIT DE L'ALLEMAND

PAR

J. MONLEZUN

LIEUTENANT AU 120ᵉ RÉGIMENT D'INFANTERIE.

PARIS

CH. TANERA, ÉDITEUR,

LIBRAIRIE POUR L'ART MILITAIRE ET LES SCIENCES,

Rue de Savoie, 6.

1872

RÈGLEMENT

SUR LES EXERCICES

DE

L'INFANTERIE DE L'ARMÉE ROYALE

DE PRUSSE.

I. — L'armée anglaise en 1871, au point de vue de l'offensive et de la défensive. Brochure in-12. . . . . 25 cent.

II. — Organisation de l'armée suédoise. — Projet de réforme. Brochure in-12. . . . . . 25 cent.

III-IV. — Mode d'attaque de l'infanterie prussienne dans la campagne de 1870-1871, par le duc GUILLAUME DE WURTEMBERG, traduit de l'allemand par M. CONCHARD-VERMEIL, lieutenant au 13ᵉ régiment provisoire d'infanterie. Brochure in-12. . . 50 cent.

V. — De la Dynamite et de ses applications pendant le siége de Paris. Brochure in-12. 25 cent.

VI. — Quelques idées sur le recrutement, par G. B. Brochure in-12. . . . . 25 cent.

VII. — Etude sur les Reconnaissances, par le commandant PIERRON. — Brochure in-12. . 25 cent.

VIII-IX-X. — Etude théorique sur l'organisation d'un corps d'éclaireurs à cheval, par H. de la F. Brochure in-12 . . . . 75 cent.

XI-XII-XIII. — Etude sur la défense de l'Allemagne occidentale, et en particulier de l'Alsace-Lorraine. Traduit de l'allemand. Brochure in-12. . . . . 75 cent.

XIV. — L'armée danoise. — Organisation. — Recrutement. — Instruction. — Effectif. — Broch. in-12. . . . . 25 cent.

XV-XVI-XVII. — Les places fortes du N.-E. de la France, et essai de défense de la nouvelle frontière. Brochure in-12. . . . . . 75 cent.

XVIII-XIX. — Considérations théoriques et expérimentales au sujet de la détermination du calibre dans les armes portatives, par J. L., capitaine d'artillerie. Brochure in-12. . . . 50 cent.

XX. — Des bibliothèques militaires, de l'établissement d'un catalogue et de la tenue des principaux registres. Brochure in-12. . . . . 25 cent.

RÈGLEMENT

DU 3 AOUT 1870

SUR

LES EXERCICES

DE

L'INFANTERIE DE L'ARMÉE ROYALE

DE PRUSSE.

TRADUIT DE L'ALLEMAND

PAR

J. MONLEZUN

LIEUTENANT AU 120e RÉGIMENT D'INFANTERIE.

PARIS

CH. TANERA, ÉDITEUR,

LIBRAIRIE POUR L'ART MILITAIRE ET LES SCIENCES,

Rue de Savoie, 6.

1872

AVANT-PROPOS.

La Prusse reconnut dans ses guerres de Danemarck et surtout d'Autriche, la nécessité de modifier son règlement d'exercices d'infanterie, qui datait du 25 février 1847. Les points débattus fixés, on préparait l'impression du nouveau règlement du 3 août 1870 que les hostilités étaient déjà commencées. Ce fut néanmoins ce dernier règlement qui fut suivi à la reprise de l'instruction, au mois de juillet 1871.

Voici les principaux changements qu'il apporte au précédent.

La formation fondamentale reste sur trois rangs, ce n'est que pour le combat qu'on passe à celle sur deux rangs.

Le *feu de file* est devenu *feu rapide;* chaque homme tire sans s'inquiéter de ses voisins.

Le feu sur quatre rangs, s'exécute par compagnie, un peloton devant, le genou en terre. Dans quelques cas très-rares, ce feu a donné des résultats très-importants, ainsi à Podol et à Villersexel.

Des évolutions du bataillon ont disparu le déploiement de la colonne par peloton à distance entière et la conversion à pivot central, en contradiction trop flagrante avec les conditions actuelles du combat.

Le ralliement, au signal de *l'assemblée*, se fait maintenant sur deux rangs, ce qui est plus naturel.

Parmi les formations de combat, la colonne sur le centre, prend officiellement le nom de *colonne d'attaque*. Elle est formée de quatre compagnies ayant chacune son peloton de tirailleurs immédiatement derrière elle, tandis qu'autrefois ils étaient tous rejetés à la queue de la colonne. Cette nouvelle formation s'accorde mieux avec une tactique dans laquelle l'unité n'est plus le bataillon, mais la compagnie ; elle entraîne la suppression du capitaine des tirailleurs.

Si un bataillon veut renforcer ses tirailleurs, comme ces derniers doivent recevoir leurs renforts de leur compagnie, on passe aussitôt de fait au combat en colonnes de compagnies.

La formation du bataillon en colonnes de compagnies, les deux compagnies du centre réunies, est indiquée comme étant la plus convenable dans la généralité des cas.

Les règles tracées dans les chapitres relatifs au combat des tirailleurs et du bataillon, montrent qu'on y a tenu grand compte des révélations tactiques des dernières campagnes. On a attribué au combat de tirailleurs une action considérable, même parfaitement décisive dans certains moments. On a insisté surtout sur l'offensive par les feux des tirailleurs concentrés sur un point donné, au moment opportun.

Il a été adopté d'excellents principes pour la conduite du feu, principes si difficiles à suivre dans la pratique.

Les règles du combat doivent être simples et peu nombreuses ; mais on insiste aussi sur ce que les troupes doivent y être exercées sur toutes sortes de terrains et à toute heure du jour.

Dans le chapitre des manœuvres de brigade, la formation de la brigade sur une seule ligne, ses régiments à côté l'un de l'autre est devenue réglementaire. L'expression *d'avant-ligne* est sanctionnée. Mais ce qu'on a surtout à y remarquer, ce sont les observations sur la conduite de plusieurs bataillons en face de l'ennemi. Ainsi, on recommande d'épuiser la première ligne avant de la faire relever, ce qu'on conseille d'éviter le plus possible. Dans certains cas, les bataillons devront se coucher, ce qui s'explique avec la puissance actuelle des feux.

Somme toute, un pas considérable a été fait pour rapprocher les formations de combat de ce qu'exige la tactique actuelle.

Mais en dehors des points de ce règlement qui méritent de fixer plus particulièrement l'attention de Français, l'ensemble peut aussi être curieux à étudier aujourd'hui que nous allons avoir à former de nombreux contingents ayant des qualités différentes de ceux avec lesquels notre armée s'est recrutée jusqu'à ces derniers temps. Quels procédés a employés la Prusse pour réussir dans une occurrence semblable, c'est ce dont ce travail à pour but de propager la connaissance.

Versailles, mai 1872.

M...

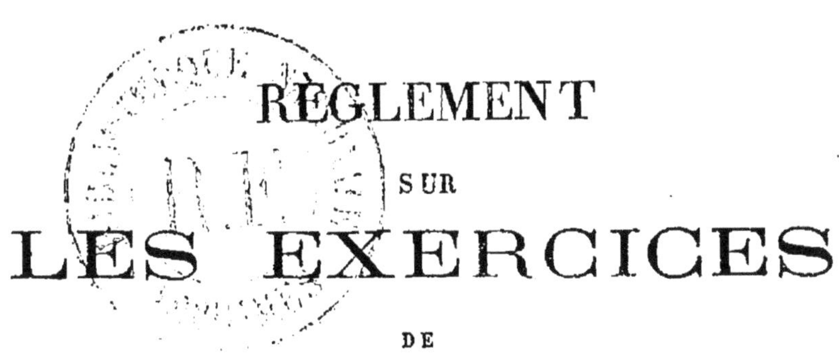

RÈGLEMENT

SUR

LES EXERCICES

DE

L'INFANTERIE DE L'ARMÉE ROYALE

DE PRUSSE.

TITRE PREMIER.

INSTRUCTION INDIVIDUELLE DU FANTASSIN (1).

CHAPITRE PREMIER.

INSTRUCTION SANS ARMES.

§ 1er. **Position.**

La position de l'homme est la base de l'alignement, des conversions et de tous les exercices. Elle doit être naturelle, facile et aisée. Les talons doivent être sur la même ligne et aussi rapprochés que la conformation de l'homme le permettra ; les pointes des pieds également ouvertes, et dirigées de façon

---

(1) Le règlement d'exercices de l'infanterie s'applique aussi à l'instruction des chasseurs et des tirailleurs, en ce qui concerne leur service de ligne ; quant à leur manière de combattre en tirailleurs, elle est, sauf quelques modifications ultérieures, réglée par les principes sur l'instruction des chasseurs et des tirailleurs du 18 juin 1868.

que les pieds forment un angle un peu plus petit que l'angle droit; les jarrets tendus sans les raidir; le corps d'aplomb sur les hanches; la poitrine et le haut du corps légèrement penchés en avant; les épaules effacées, également tombantes et à la même hauteur; les bras un peu ployés, pendant le long du corps, et sans le serrer; la paume de la main un peu tournée en dehors; l'attitude de la tête droite et sans contrainte; le menton rapproché du cou sans le couvrir, l'homme regardant devant soi, sans fixer le sol (1).

Par un enseignement bien gradué, la position décrite, devient bientôt facile et naturelle pour le recrue, surtout en ayant l'attention de lui faire observer de temps en temps un homme qui la prenne bien, de façon à s'aider pour le perfectionner de sa faculté de saisir par les yeux ce qu'on lui présente.

Mais comme toute position du corps devient fatigante à la longue, on doit pendant l'exercice permettre à l'homme de se reposer de temps en

---

(1) Une bonne position des pieds est essentielle, car elle entraîne la bonne attitude du haut du corps, et une mauvaise position des pieds entraîne une inclinaison de la ligne des épaules. La tension des jarrets est utile pour une bonne position, mais on doit éviter la raideur. Le corps doit reposer d'aplomb sur les hanches, car ce n'est qu'ainsi que l'homme a son équilibre.

La plupart des recrues ont la mauvaise habitude, surtout quand ils portent l'arme, de baisser l'une ou l'autre épaule, de se pencher d'un côté ou de l'autre, ou d'avancer une hanche. On devra y faire attention jusqu'à ce que ce défaut ait disparu. La plupart des jeunes soldats, quand ils veulent se tenir droits, ont encore le défaut d'avancer le ventre, de creuser les reins et de renverser les épaules. C'est surtout pour la marche qu'il temps, ce qui se fait au commandement de Remuez-vous (*Rührt Euch*), et qui s'exécute en un temps. Tant que ce commandement n'a pas été fait, il n'est pas permis au soldat pendant la durée de l'exercice, de remuer à volonté, de ramasser ce qu'il aurait pu laisser tomber à terre, encore moins de causer.

Quand on juge le soldat reposé, on lui commande: Restez immobile (*Still gestanden*). Il doit aussitôt reprendre la position correcte. Comme exercice, il est bon de répéter souvent ceci, car l'instructeur voit ainsi d'un coup d'œil en quoi le recrue peut pécher, et il a en même temps l'occasion de rectifier cette faute, tandis que de son côté le recrue acquiert ainsi une souplesse qui sera utile pour les exercices suivants.

---

est utile, d'avoir une bonne position, et principalement de pencher le haut du corps en avant.

Les épaules doivent être également effacées, car si l'homme avançait les épaules, ce qui est le défaut ordinaire des hommes de la campagne, il arrondirait le dos, et ne pourrait plus manier son arme avec aisance.

Les bras pendent le long du corps, les coudes, les mains, etc., placés comme il vient d'être indiqué, car c'est très-important pour que l'homme ne tienne que sa place dans le rang, comme pour le maniement facile et libre de son arme. En fléchissant les coudes vers le corps, sans le serrer, on fait effacer les épaules.

La tête et le c^{o}u doivent être tenus droits et sans contrainte, car la raideur du cou se communique à tout le haut du corps, et a pour effet de rendre les mouvements et la position pénibles.

Les yeux doivent être dirigés droit devant soi, parce que c'est le plus sûr moyen de faire porter la tête droite sur les épaules.

§ 2. Conversion sur place.

Dans toutes les conversions sur place, le talon gauche sur lequel repose le poids du corps, reste immobile, la pointe du pied étant un peu levée. Le pied droit quitte le sol et reprend sa position, le mouvement achevé.

Pour la demi-conversion, on commande A DROITE, (A GAUCHE) (*Rechts (Links)*), comme avertissement, et le mouvement s'exécute sur le mot : PAR LE FLANC (*um*) qui est prononcé bref.

La conversion entière est précédée de l'avertissement BATAILLON ENTIER (*Ganzes Bataillon*), et au commandement de DEMI-TOUR (*Kehrt*), on tourne sur le talon gauche et sur le milieu du pied droit, puis la conversion achevée, on rapporte le pied droit à sa place.

Pour se remettre face en tête, on emploie le commandement de FRONT (*Front*), ce qui s'exécute comme nous venons de dire, et aussi après l'avertissement de BATAILLON ENTIER.

C'est une preuve que le recrue est bien affermi dans sa position, quand il exécute les conversions avec aisance et en conservant une position correcte.

§ 3. De la marche en général.

Dans la marche, on doit avoir en vue de parcourir les distances, en ménageant le plus possible lesforces du soldat. La marche est parfaite, quand elle atteint ce double résultat. L'attitude du corps pendant la marche sera libre de toute contrainte, conforme à la position décrite ci-dessus.

Les principes de la marche en troupe, sont les suivants :

Au commandement de BATAILLON (COMPAGNIE, PELOTON, etc.), MARCHE (*Bataillon, Compagnie, Zug, etc., Marsch*) (1), on porte vivement le pied gauche à quatre cinquièmes de mètre (environ 2 pieds 6 pouces et demi ancienne mesure) en avant du droit, le jarret tendu quand on pose de nouveau le pied à terre, la pointe du pied un peu baissée et légèrement tournée en dehors, en même temps que le haut du corps se porte en avant ; on place le pied sur le sol à plat, sans frapper, à la distance où il se trouve du droit, tout le poids du corps se portant aussitôt

---

(1) L'indication de la fraction de troupe qui précède le commandement de MARCHE s'emploie ici comme dans les autres cas, aussi bien pour éviter les erreurs possibles, que comme un avertissement qui détermine l'ensemble et la vivacité de l'exécution du commandement.

On emploie du reste le mot BATAILLON dans tous les cas où le règlement ne prescrit pas que l'on doive y substituer les termes COMPAGNIE OU PELOTON.

Dans les commandements faits aux pelotons de tirailleurs, on n'emploie pas l'avertissement BATAILLON et on y substitue, pour bien accentuer PELOTON DE TIRAILLEURS.

Quand un commandement se compose de deux mots ainsi : *Gewehr auf!* le premier est allongé en façon d'avertissement et l'énonciation devient ainsi facile.

sur le pied qui pose à terre. Dès que le pied gauche est posé à plat, le talon droit quitte le sol; on avance la jambe droite, la pointe du pied passant près de terre, mais sans la toucher, on la dirige en avant, et l'on place le pied à la même distance et de la même manière qu'il vient d'être expliqué pour le gauche. Puis le soldat continue à marcher sans croiser les jambes, ni tourner les épaules, et maintenant toujours la tête droite.

La marche doit-elle être ralentie, cela se fait au commandement de RACCOURCISSEZ (*Kurz getreten*); au contraire, au commandement de REPRENEZ L'ALLURE (*Frei weg*), on reprend la longueur du pas.

Au commandement de HALTE (*halt*), l'homme qui marche rapporte le pied qui est en arrière à côté de de l'autre, puis reste immobile. Si pendant la marche la position du corps venait à se déranger, on doit aussitôt commander HALTE (1).

----

(1) La pointe du pied droit doit, dans la marche, être tournée vers la terre, car c'est ainsi qu'on obtient avec la tension du jarret, que le pied pose à plat et sans frapper sur le sol. Il est nécessaire de tourner un peu la pointe du pied en dehors, car c'est plus agréable à l'œil, et puis on obtient ainsi un équilibre plus stable du corps. Le haut du corps doit être fortement penché, pour obtenir que le poids du corps se porte sur le pied qui est à terre, pour qu'il soit plus facile de lever le pied qui est en arrière, et que le pas ne soit pas raccourci. La pointe du pied doit raser le sol, parce qu'on évite ainsi le mouvement inutile de soulever le pied. Et puis, il ne serait pas possible de mettre d'unité et d'accord dans la marche, si chaque homme

La vitesse de la marche a été fixée à 112 pas à la minute.

Le pas doit-il être accéléré pour l'attaque à la baïonnette, on peut en porter la cadence à 120 à la minute; elle est donnée par le tambour.

Dans les cas où il est important d'atteindre rapidement un point, ou d'exécuter une manœuvre avec célérité, on emploie la course; mais on ne doit pas l'employer pour de grandes distances, car elle essouffle les hommes. Quand cette course doit être transformée en course de vitesse, les hommes ne sont plus astreints à conserver de cadence, ni à porter leur arme régulièrement, ce qui va de soi. Le commandement pour la course est MARCHE, MARCHE.

Quand les soutiens ou les colonnes doivent se mettre en mouvement, au commandement de : MARCHE, MARCHE, on le fait précéder de l'avertissement : PAS GYMNASTIQUE (*Laufschritt*), pour se conformer aux indications du § 5, de l'instruction, quand on a en vue la gymnastique ou le combat à la baïonnette.

---

levait le pied à volonté. On place le pied à plat et sans frapper sur le sol, parce qu'on évite ainsi pour le corps des balancements, et aussi un raccourcissement du pas qui se produirait certainement si l'on plaçait d'abord le talon ou la pointe du pied, ou si on le posait sur le sol en frappant. Cela aurait du reste encore pour effet de fatiguer inutilement le soldat.

Si l'on veut, eu égard à la longueur du parcours, donner quelque allégement à la troupe, on commande : Sans cadence (*Ohne Tritt*). Les hommes marchent alors suivant qu'il leur est plus commode, mais en conservant pourtant leurs rangs et leurs files. Devient-il nécessaire d'avoir un ordre plus rigoureux, et de reprendre le pas cadencé, on commande : Prenez la cadence (*Tritt gefaszt*).

Si l'on commande à un détachement marchant dans cet ordre : Alignez-vous (*Richt Euch*), il reprend l'ordre comme pour le défilé (1).

Si l'on doit marcher au pas non cadencé, on fait précéder le commandement de Marche de l'avertissement de Sans cadence que l'on fait suivre de la désignation Bataillon.

§ 4. Appuyer.

Pour se mouvoir un peu à droite ou à gauche, sans changer de front, on se sert du mouvement d'appuyer (*Schlieszen*).

Commandement : Appuyez a droite (a gauche) — Marche (*Rechts* (*Links*) *schlieszt Euch — Marsch*).

Exécution : Le pied droit est envoyé sans le balancer ni frapper, le jarret tendu, à un demi-pas

---

(1) Quand une troupe marchant sans armes reçoit le commandement d'Alignez-vous, pour rendre les honneurs, elle maintient les deux mains à la position.

sur la droite et sur le même alignement ; puis, on rapporte le pied gauche à sa position, de façon que les mouvements des deux pieds soient exécutés dans le temps qu'il faut pour faire un pas ; le corps et les épaules restent droits. La tête et les yeux se tournent à droite au commandement de MARCHE, et sont replacés droits et immobiles au commandement de RENTREZ (*Eingetreten*). Voir § 26.

Si c'est à gauche qu'on veut appuyer, au dernier mot du commandement APPUYEZ A GAUCHE, les hommes tournent les yeux à gauche, et les tiennent ainsi tout le temps du mouvement. Au commandement de HALTE, on s'aligne sur l'aile du côté où l'on a appuyé ; puis, si c'est à gauche, après qu'on a achevé de s'aligner, on commande YEUX DROITS (*Augen rechts*).

CHAPITRE II.

INSTRUCTION AVEC L'ARME.

§ 5. Position sous les armes (arme au pied).

On ne doit pas mettre l'arme aux mains du recrue avant qu'il ait acquis quelque assurance dans la position, les conversions et la marche.

Reposé sur l'arme, le soldat a l'arme près du pied, c'est-à-dire que la crosse est près de la pointe du pied droit, et sur le même alignement, la partie supérieure du canon vis-à-vis l'épaule droite, la main droite embrassant l'arme, de façon que le bras droit appuyé naturellement contre elle, le pouce soit placé derrière le canon, *les autres doigts sur la bretelle*. Au commencement de l'exercice, on tire en arrière *le cylindre intérieur (Schlöszchen)*. Le bras gauche est placé comme il a été prescrit à la *position sans armes*.

§ 6. Maniement d'armes.

La règle générale pour tout le maniement d'armes, c'est que le corps reste immobile à la position régulière, pendant que les mains et les bras seuls sont en mouvement. Il ne sert de rien de redresser le corps ou de le ployer ; on doit l'éviter pour obtenir une exécution facile et correcte. On ne doit pas rechercher intentionnellement les chocs, contre l'arme ou l'épaule, que l'on entend pendant le maniement d'armes. Les mouvements de la platine (*Schlosz*) doivent être brefs et précis, tout en ménageant autant que possible *les surfaces de fermeture*. Les mouvements divers, dont chaque temps se compose *comme nous verrons ci-dessous*, s'exécutent rapides et précis, et se succèdent sans précipitation, mais *pourtant sans être séparés les uns des autres par aucune pause*.

Ce n'est que dans les premiers exercices que les recrues peuvent décomposer les temps en leurs différents mouvements, et compter ; encore, ce moyen n'est-il employé que dans l'intérieur des compagnies, sans jamais faire l'objet d'un exercice ou d'un examen.

a. *Porter l'arme (Aufnehmen des Gewehrs).*

Commandement : PORTEZ ARMES (*Gewehr-auf*).

Exécution : L'arme est élevée avec la main droite, le long du côté droit, assez, pour que la main gauche la saisissant au-dessous de la droite, le bras gauche forme avec elle un angle droit ; alors on allonge le bras droit le long de l'arme, et on la saisit avec la main de façon que le pouce soit placé au-dessous de la bretelle, l'index le long du bois, les trois autres doigts sous la tige du levier. La main gauche après qu'elle a assuré l'arme contre l'épaule droite, reprend la position prescrite.

b. *Position du port d'armes.*

L'arme portée par le bras droit légèrement ployé, le coude tenu naturellement, sans être trop éloigné du corps, ni le serrer. Le canon est tenu en arrière et d'aplomb ; on a soin que la main droite ne tourne pas l'arme en dehors. Le bras gauche pendant sans contrainte le long du corps, la main droite le long de la cuisse, les doigts repliés naturellement, la paume de la main légèrement tournée en dehors.

Pendant la marche, le bras droit doit maintenir l'arme invariablement dans cette position, ce qu'on obtient facilement après quelques exercices, sans avoir à déployer aucune force, quand on observe de ne pas la serrer contre la cuisse, ce qui en gênerait le mouvement et pourrait produire que la cuisse à son tour imprime des mouvements à l'arme.

On ne doit jamais laisser porter l'arme assez long-temps pour que les hommes en puissent éprouver de la fatigue.

c. *Reposer l'arme (Abnehmen des Gewehrs).*

Commandement : Reposez l'arme (*Gewehr-ab*).

Exécution : La main gauche saisit brusquement, mais sans frapper, l'arme, et l'embrasse, de façon que le bras gauche forme avec elle un angle droit. La main droite s'éloignant du levier vient saisir l'arme juste au-dessous de la gauche, et dirige l'arme d'aplomb contre le pied, à la position prescrite, puis la main gauche est ramenée à sa place rapidement.

d. *Présenter l'arme.*

Commandement : Attention — présentez — l'arme (*Achtung — präsentirt das Gewehr*).

Exécution : La main gauche saisit l'arme (§ 6, 2) en l'élevant un peu et la rapprochant de la gauche, de façon que le levier se trouve à hauteur de la hanche, le canon tourné vers le corps. Les deux mains saisissent brusquement l'arme, assez loin du côté gauche, pour qu'elle se trouve en face de la cuisse gauche, et que l'homme avec son œil gauche puisse regarder à droite. L'arme tenue d'aplomb, le levier reposant sur le ceinturon. La main gauche à hauteur du coude gauche, embrasse l'arme entre la capucine et le levier, de façon que le petit doigt soit sur le bord inférieur du fût, le pouce allongé dans la rainure entre le bois et le canon. Le bras gauche est courbé à angle droit, le bras droit presque allongé, la main droite embrasse la poignée, les quatre doigts allongés sous la sous-garde. Les deux coudes restent sans raideur.

e. *L'arme à l'épaule.*

Commandement : ATTENTION — L'ARME A — L'É-PAULE (*Achtung — Gewehr auf — Schulter*).

Exécution : La main gauche apporte l'arme en la faisant tourner vers le côté droit, de façon qu'elle soit presque à plat. La main droite embrasse l'arme, le pouce allongé sur la bretelle, le premier doigt le long du bois, les autres doigts sous le levier. Le bras droit s'allonge, ne conservant qu'une légère courbure, et apporte l'arme au côté droit. La main gauche après avoir appuyé l'arme à l'épaule droite, est replacée vivement sur le côté gauche (1).

---

(1) Les sentinelles qui au terme du règlement doivent se tenir devant leur poste l'arme au pied, ont encore dans cette position, la manière suivante de rendre les honneurs.

Elles remontent la main droite vers la bouche du canon, et

f. L'arme sur l'épaule (Das Gewehr übernehmen).

Ce mouvement s'exécute de deux manières différentes, suivant que le soldat porte l'arme ou l'a au pied. On ajoute au commandement l'article (*das*) pour avertir qu'il ne s'agit pas de mettre l'arme au pied ou de la porter (dans le bras droit).

1. *En partant du port d'armes.*

Commandement : L'ARME SUR L'ÉPAULE (*Das Gewehr — über*).

Exécution : Le bras droit apporte l'arme d'aplomb vis-à-vis le milieu du corps, sans y mettre de force, en l'élevant un peu et tournant le levier à droite. La main gauche empoigne alors l'arme à hauteur de la capucine, et achève de la tourner, tandis que la main droite se portant sous le levier, embrasse le cylindre de façon que le pouce soit allongé dans la rainure entre le canon et le bois; puis, cette main élève l'arme autant qu'il est nécessaire pour l'incliner sur l'épaule gauche. En même

---

empoignent l'arme le pouce allongé sur le coude de la baïonnette, les autres doigts embrassant l'embouchoir, la paume de la main un peu tournée en dehors.

Au lieu de présenter l'arme, elles l'abaissent. Après l'avoir saisie comme nous venons de voir, elles la soulèvent un peu et l'inclinent sur le côté droit, jusqu'à ce que le bras droit soit complétement allongé, puis la ramènent d'aplomb sur le sol.

temps, la main gauche empoigne la crosse, de façon que le bec soit entre le pouce et le premier doigt, et que la paume de la main repose sur le plat extérieur. La main gauche est élevée et avancée de façon que le poids de l'arme repose sur l'épaule de la manière la plus facile à porter. La main droite est replacée vivement à sa position. Le coude gauche est rapproché du corps, sans pourtant le serrer.

2. *En partant de la position de l'arme au pied.*

Commandement : L'ARME SUR L'ÉPAULE (*Das Gewehr — über*).

Exécution : La main droite élève l'arme et la lance en avant du corps, en la tournant, tandis que la main gauche embrasse la capucine et la main droite, au-dessous du levier, le cylindre. Le mouvement s'achève comme le précédent.

Une troupe, marchant dans cette position, la conserve jusqu'à ce qu'on lui commande de la changer; elle la garde même après le commandement de HALTE, tant qu'on ne lui fait pas de nouveau commandement.

Quand on marche l'arme sur l'épaule, on laisse balancer la main droite naturellement et sans gêne. Il en est de même au commandement de ALIGNEZ-VOUS (*Richt Euch*) ou lorsqu'on donne l'ordre de défiler sans armes à la parade.

On doit porter l'arme de cette manière à l'exercice, dans la marche en avant, et surtout dans tous les cas où l'on a à parcourir de grandes distances.

Nota bene. — Il est utile de remarquer que le soin de la conservation de l'arme exige dans les changements de formations, tels que formation des carrés, que les hommes qui ont l'arme sur l'épaule l'inclinent d'une façon plus raide.

Dans les marches qu'on fait pour se rendre à l'exercice, par exemple, après que la batterie en a été faite (supplément 3, n° 11), le soldat peut à volonté porter son arme sur l'épaule droite ou sur la gauche. Dans des circonstances particulières, on peut encore pour soulager la troupe, et sans donner ce signal, faire mettre toutes les armes à la fois sur l'épaule droite, ce qui s'exécute au commandement de L'ARME SUR L'ÉPAULE DROITE (*Das Gewehr auf die rechte Schulter*).

g. *Saisir l'arme* (porter l'arme).

Commandement : SAISISSEZ L'ARME (*Faszt das Gewehr-an*).

Exécution : La main gauche conduit avec aisance la crosse le long de la cuisse gauche, la main droite embrasse le tonnerre au-dessous du levier, et descend l'arme, en tournant le canon en dedans. La main gauche abandonne la crosse, empoigne l'arme à hauteur de la capucine, et l'apporte d'aplomb contre l'épaule droite, tandis que la main droite la saisit comme nous avons vu ci-dessus § a. Puis la main gauche est renvoyée vivement à sa position.

On peut encore, le soldat ayant l'arme sur l'épaule, le faire reposer sans passer par le port d'armes, ce qui s'exécute ainsi.

h. Reposer sur l'arme en partant de la position de l'arme sur l'épaule.

Commandement : REPOSEZ L'ARME (*Gewehr-ab*)
Exécution : La main gauche descend vivement la crosse le long de la cuisse gauche, la main droite saisit l'arme à la capucine, l'apporte d'aplomb à sa place en la faisant tourner contre le corps, puis la laisse glisser suivant que la taille de l'homme le rend nécessaire, et place la crosse à terre sans la balancer, tandis que la main gauche reprend vivement sa position.

i. Inspection de l'arme.

Le soldat enlève sans commandement, la culasse mobile du tonnerre, et attend l'arme au pied, la culasse mobile dans la main gauche, que celui qui inspecte, passe devant lui.

k. Formation des faisceaux.

Quand une troupe doit former les faisceaux, cela s'exécute au commandement de FORMEZ LES FAISEAUX (*Setzt die Gewehre zusammen.*) On réunit en les inclinant les trois armes de chaque file, de façon que se tenant par la branche des baïonnettes elles forment ensemble une pyramide. Puis les hommes vont devant, derrière ou sur les côtés, suivant qu'on le leur permet d'après les circonstances. Au commandement de AUX ARMES (*An die Gewehre*), le premier rang se place en avant des armes, les deux autres derrière elles. Ils s'en saisissent au commandement de ARMES EN MAIN (*Gewehr in die Hand*) et attendent le commandement de RESTEZ IMMOBILES (*Still gestanden*).

Quand une troupe est formée sur deux rangs, on forme les faisceaux par chaque groupe de deux files.

§ 7. Charge.

Cette partie de l'instruction doit être entourée de tout le soin que comporte l'importance de son objet, la destruction de l'ennemi. On devra éviter toute précipitation qui serait préjudiciable à l'efficacité de la charge et des feux.

Lors de l'instruction individuelle de chaque recrue, la charge et les feux doivent lui être décomposés en leurs divers mouvements, tout en s'aidant d'explications claires. On emploie encore ce moyen auxiliaire qui consiste à lui faire compter les divers mouvements.

a. Charge en partant de la position de l'arme sur l'épaule (1).

1. Sans décomposer en aucuns mouvements.

---

(1) On peut encore charger et apprêter l'arme, en partant de la position de l'arme au pied, ou du port d'armes qu'on

Commandement : BATAILLON DOIT CHARGER — CHARGEZ (*Bataillon soll chargiren, geladen*).

Exécution : La main gauche descend l'arme légèrement vers la cuisse gauche, la main droite la saisit à la poignée, l'apporte vers la cuisse droite, et l'abat dans la main gauche qui la saisit au centre de gravité, le pouce allongé le long du bois, le guidon (*Korn*) à hauteur de l'œil. L'homme fait en même temps un demi à droite.

La main droite, les quatre doigts réunis derrière le pontet, presse avec le pouce, la tête du ressort, et tire en arrière le cylindre intérieur dont la tête se tourne alors vers la platine. La main droite, un peu ployée, frappe avec la racine du pouce, le pommeau du levier, le ramène vers la poitrine, ouvre ainsi l'arme, et conduit le tonnerre mobile, doucement, jusqu'au cran de sûreté du ressort d'arrêt, en conservant le pommeau du levier dans l'intérieur de la main. La main droite se porte ensuite sous l'arme, à la cartouchière, saisit avec le pouce et l'index, la cartouche, par le sabot, la place, la pointe inclinée en avant, dans la chambre ardente, le quatrième doigt derrière le culot, le pouce aplati dans l'échancrure. Puis, la main droite saisit le pommeau avec le pouce et l'index, pousse sans brusquerie le ton-

---

reprend alors aussitôt que l'arme vient au repos. Pourtant la charge en partant du port d'armes ou de l'arme au pied ne devra jamais faire l'objet d'un examen.

nerre mobile vers le canon et le tourne à droite. On tourne en même temps l'arme vers l'extérieur avec la main gauche, de façon que le levier soit presque horizontal. On élève ensuite jusqu'à hauteur de l'épaule, la main droite, le dessus tourné vers le corps, et l'on frappe fortement avec la racine du pouce contre le pommeau. Quand on retire la main après avoir donné ce coup, le pouce et l'index saisissent le pommeau, et l'on ramène l'arme à sa position première, le coude au-dessus de la crosse, la tête levée.

La main droite saisit l'arme au-dessous du levier ; les deux mains la ramènent dans une position verticale, la main droite la soulève, puis la laisse tomber doucement sur l'épaule gauche. La main gauche donne à l'arme la position correcte (§ 6, alinéa 1), puis l'on ramène la main droite à sa position, tandis que l'homme revient face en tête.

Avec l'arme à platine transformée, après avoir pris comme nous avons vu, la position de la charge on exécute le mouvement suivant :

La main droite presse avec le pouce, les quatre doigts derrière le pontet, la tête du ressort, et tire en arrière le cylindre intérieur. On devra alors avoir soin de le ramener assez pour que le talon antérieur du ressort d'arrêt repose sur la cloison du tonnerre mobile. La tête se tourne alors vers la platine. La main droite se rend par le chemin le plus court, au levier, le saisit à pleine main de sorte que le petit doigt se trouve immédiatement au-dessus du renfort ; puis, on tourne le tonnerre à gauche, et on le ramène en arrière, d'un mouvement calme et régulier, jusqu'à ce que le renfort soit arrivé au fond de la fente transversale. Puis la main droite s'abaisse au-dessous de l'arme, à la cartouchière, saisit avec le pouce et le premier doigt la cartouche par le sabot, la place, la pointe inclinée en avant, dans la chambre ardente, le quatrième doigt derrière, le pouce aplati dans l'échancrure, et l'enfonce assez, pour que sa face postérieure forme un angle droit avec la surface de fermeture du canon.

La main droite prend ensuite le levier à pleine main, pousse la chambre en avant, fortement, mais sans mouvement saccadé, et la fait tourner à droite, de façon que ses plans inclinés soient complétement superposés et que le cylindre intérieur puisse être poussé en dedans. L'homme relève alors la tête.

Puis la main droite empoigne l'arme au-dessous du levier, les deux mains la redressent, et la main droite la porte sur l'épaule gauche. La main gauche embrasse la crosse, et place l'arme à la position prescrite (§ 6, alinéa 1), tandis que la main droite est renvoyée à sa position, et que l'homme revient face en tête.

2. *En décomposant en mouvements.*

Quand on veut employer, pour la charge, la méthode d'instruction qui consiste à compter les temps, on commande : Bataillon doit charger — chargez, puis on ajoute aussitôt : Halte (*halt*). On place l'arme à la position prescrite pour la charge, la main presse avec le pouce sur la tête du ressort, retire le cylindre intérieur, puis se lève, la paume tournée vers l'arme. La tête se tourne alors vers l'arme.

Au commandement suivant : Un (*Eins*), la main droite rabat à gauche le levier (voyez § 7, *a*. 1), ramène le tonnerre mobile en arrière jusqu'au cran de sûreté, saisit la cartouche, la place dans la chambre ardente, puis l'y pousse avec force, le pouce aplati dans l'échancrure.

A deux (*Zwei*), la main droite, le pouce et les quatre doigts, saisit le levier, pousse avec force le tonnerre mobile, tourne ensuite l'arme à droite, en dehors, puis la main droite s'élève, pour frapper, à hauteur dé l'épaule.

A trois (*Drei*), la main droite frappe avec la racine du pouce contre le levier, puis les quatre doigts et le pouce reprennent leur position primitive et retournent l'arme comme d'abord. On redresse la tête.

A l'arme sur l'épaule (*das Gewehr — über*), on place l'arme sur l'épaule gauche.

Avec l'arme à platine transformée, la charge en décomposant s'exécute de la manière suivante :

Au commandement de : Bataillon doit charger, chargez, puis halte, on prend la position de la charge, la main droite presse avec le pouce sur la tête du ressort, ramène en arrière le cylindre intérieur et empoigne le levier à pleine main. La tête se tourne vers l'arme.

Au commandement de : Un, la main droite rabat le levier à gauche, ramène le tonnerre mobile jusqu'au bout de la fente latérale, prend la cartouche et l'introduit assez loin dans la chambre ardente, pour que sa face postérieure fasse un angle droit avec la surface de fermeture du canon.

A deux, la main droite saisit le levier, pousse la chambre en avant, et tourne le levier à droite. On relève la tête.

Au commandement de : L'arme sur l'épaule, on place l'arme sur l'épaule gauche.

Cette manière de charger ne s'emploie que pour l'instruction individuelle des recrues, et ne peut comme il a déjà été observé § 6, être employée que dans l'intérieur des compagnies ; mais non, faire l'objet d'exercices ou d'examens.

b. Le feu (*das Schieszen*).

Commandement : 1. Apprêtez (*Fertig*).

2. En joue (*Legt-an*).

3. Feu (*Feuer*).

4. Chargez (*Geladen*).

Exécution : N° 1. L'homme fait un demi à droite, ramène un peu en arrière le pied droit, et l'avance d'un demi-pas environ sur la droite, les pointes des pieds un peu rentrées. Les genoux ne sont pas ployés, mais plutôt rentrés en arrière par une tension légère du jarret.

Les hanches et les épaules suivent le mouvement des pieds, mais sans creuser les reins.

On ne rentre pas le ventre, on n'élève pas la poitrine, mais l'homme repose sur ses hanches, portées naturellement comme ses épaules. La partie supérieure du corps n'est pas penchée en avant, ce qui aurait pour effet de faire porter le poids du corps sur la pointe du pied, tandis qu'il doit reposer sur tout le pied y compris le talon. La tête, le cou sans raideur, est un peu tournée à gauche, de façon que l'œil voie librement le but, et aussi un peu penchée en avant, mais sans gêne.

La main gauche descend légèrement la crosse contre la cuisse gauche, la main droite saisit la poignée, tourne l'arme et l'apporte contre la hanche droite, en abaissant la bouche en avant. La main gauche l'empoigne au centre de gravité, le pouce allongé le long du bois, le guidon à hauteur de l'œil. La main droite, le pouce derrière le poussoir, le pousse dans le tonnerre mobile, autant que le permet le talon du ressort d'arrêt.

Puis la main droite saisit à pleine main la poignée, de façon qu'autant que possible le pouce se replie sur la dernière phalange du doigt du milieu, le premier doigt entré dans la saillie postérieure du pontet, le bout des doigts sur le plat gauche ou intérieur de la crosse.

N° 2. Dans cette position, l'arme est élevée des deux mains et penchée en avant de telle façon que la crosse n'appuie pas contre le bras; elle est ensuite appuyée contre l'épaule avec la main droite, mais sans élever l'épaule ni l'avancer vers la crosse. Le coude droit est en même temps élevé presque à hauteur de l'épaule, mais pas plus haut, et l'on place la crosse dans le creux formé par l'épaule, entre le collet et le bourrelet de muscles de l'épaule, mais pourtant pas sur la clavicule.

La main gauche soutient l'arme, qui repose en plein sur la paume, les doigts détachés, le coude tourné ni en dedans ni en dehors, mais tenu tout à fait naturellement, de façon à éviter tout déploiement inutile de forces du bras gauche. C'est lui seul qui dirige l'arme sur le but. L'on ne doit pas creuser les reins.

La tête se place avec aisance contre la crosse, sans contracter les muscles du cou.

Pour prendre la ligne de mire, l'arme est dirigée d'abord à environ un demi-mètre (environ un pied et demi, ancienne mesure) au-dessous du point à atteindre, la hausse est vivement réglée avec la main droite, et puis l'arme est relevée uniquement avec la main gauche, sans fléchir les reins ni les renverser, sur le but, tandis que le premier doigt avec la partie la plus proche de la racine, presse sur la partie antérieure de la détente.

Nota bene. — Dans les exercices sur le terrain ou dans les cas sérieux, avant chaque salve, et en principe, on ne doit pas les employer avec des hausses supérieures à 300 pas, on ajoute l'indication Tête (*Kopf*) poitrine, (*Brust*), genoux (*Knie*).

Dans les exercices ordinaires de ligne, cette indication n'est pas nécessaire avant les salves, cependant il est d'usage de l'y joindre, quand on a comme but, devant soi, quelque objet analogue.

N° 3. Le commandement est allongé, mais dans la même mesure que les commandements d'un seul mot qui ne sont pas précédés d'un autre. L'arme étant dirigée sur le but, on appuie sur le second cran de départ, en retenant sa respiration, puis quand on a suffisamment trouvé le point, on le conserve et l'on fait feu sans secousse. L'homme doit rester dans cette position de joue, sans remuer.

N° 4. L'arme est ramenée contre la hanche, de la position de joue à la position de la charge, les pieds restant à la position prescrite n° 1. Le pouce de la main droite appuie sur la tête du ressort et ramène en arrière le cylindre intérieur, le soldat exécute la charge, puis renforce le cylindre intérieur dans le tonnerre mobile comme il a été dit plus haut à apprêtez.

c. *Replacer (Absetzen).*

L'homme étant en joue, s'il doit replacer l'arme, on commande REPLACEZ (*Setzt-ab*).

Exécution : Au premier mot du commandement, le premier doigt est placé sur le côté intérieur de la sous-garde ; au second mot (*ab*) l'arme est apportée des deux mains contre la hanche, à la position qu'avait l'homme avant de mettre en joue.

d. *Cesser le feu.*

Pour faire cesser le feu, on commande :

1. ARME AU — REPOS (*Gewehr in Ruh*).
2. L'ARME SUR — L'ÉPAULE (*Das Gewehr-über*).

Exécution : 1. L'arme étant contre la hanche droite, au commandement de L'ARME AU, le premier doigt de la main droite est retiré derrière le corps de la sous-garde, la première phalange du pouce est placée sur la tête du ressort, les quatre doigts restent à la poignée. Au commandement de REPOS, la première phalange du pouce appuie sur la tête du ressort, et modère en y restant appuyée, le mouvement en arrière du cylindre intérieur. Puis la main droite empoigne l'arme au-dessous du levier ; le pied droit est en même temps rapporté près du gauche. La tête et les yeux restent pendant ce mouvement tournés en avant.

2. Les deux mains redressent l'arme, la main

droite l'élève et la place doucement sur l'épaule ; la main gauche embrasse la crosse et donne à l'arme la position régulière, tandis que la main droite est replacée sur le côté, et que l'homme revient face en tête.

e. *Charge de l'arme et exécution des feux en partant de la position de l'arme au pied.*

Un homme l'arme au pied peut exécuter la charge et le tir sans avoir à passer par le port d'armes, puis après qu'il a ramené son arme au repos, il peut aussi bien replacer son arme sur l'épaule. Au commandement de BATAILLON DOIT CHARGE R — CHAR-GEZ, la main droite élève l'arme jusqu'à ce qu'elle-même arrive à hauteur de la hanche, en inclinant en même temps la bouche en avant. La main gauche l'empoigne à hauteur du centre de gravité et l'amène à la position de la charge. La charge même se fait comme nous avons vu § 7, *a*, 1 ; seulement, après qu'elle est finie, la main gauche redresse l'arme et l'appuie contre l'épaule droite. La main droite l'embrasse, le pouce en avant, le premier doigt le long du bras, les trois autres sous le levier, puis l'homme par un demi à droite revient face en tête. Sitôt que l'arme est arrivée à la position réglementaire (§ 6, *a*.), la main gauche la quitte vivement.

Au commandement de APPRÊTEZ, la main droite élève l'arme de telle façon qu'elle s'appuie contre la hanche en conservant la bouche inclinée en avant; la main gauche l'empoigne et l'amène à la position déjà prescrite pour l'exécution des feux (§ 7, *b*, 1).

Après le commandement de Arme au repos, on ne commande pas l'arme a l'épaule mais épaule (*Schulter*). La main gauche élève l'arme et l'appuie contre l'épaule droite, la main droite l'empoigne sous le levier (comme § 6, *a*), puis l'homme fait un demi à gauche et revient face en tête. Aussitôt que l'arme est arrivée à une bonne position, la main gauche la quitte rapidement.

On doit en faisant la charge dans les exercices, observer que les chocs violents du tonnerre mobile contre le canon, du cran de départ, et des plans inclinés, les dégradent. Il est donc nécessaire qu'on ne s'arrête pas sur ces mouvements qui doivent être précis. On y doit éviter les chocs violents, et autant que possible tout ce qui s'entend, pour ne pas dégrader ces pièces dont la conservation est d'un grand intérêt. On doit même interdire complétement à des troupes un peu nombreuses encore armées de l'ancienne platine, les mouvements d'armer, de faire feu, de retirer le cylindre intérieur, etc... Quand on doit faire les exercices de la charge et du tir, on doit d'abord enlever les enveloppes de la hausse et du guidon. Aussi on exerce les soldats à les enlever rapidement avant de mettre l'arme à l'épaule.

§ 8. Croiser la baïonnette..

Commandement : CROISEZ — LA BAÏONNETTE (*Fāllt das — Gewehr*).

Exécution : La main gauche descend l'arme de l'épaule, le long de la hanche gauche, la main droite la saisit à la poignée, et l'apporte, en la faisant tourner, le long du côté droit ; puis, la main gauche l'empoigne à pleine main, au centre de gravité. L'homme fait en même temps un demi à droite, et porte le pied droit sur le côté, comme pour apprêter l'arme. Le bras gauche reste joint au corps. L'arme est dans une position presque horizontale, la baïonnette un peu plus élevée que la crosse. Quand l'arme est dans cette position, elle est armée avec la main droite.

Quand on croise la baïonnette en partant de la position de l'arme au pied, la main droite l'élève assez pour qu'elle vienne s'appuyer à la hanche, en inclinant en même temps la bouche en avant. La main gauche l'empoigne en même temps à pleine paume au centre de gravité. La main droite amène l'arme à la position que nous venons de dire, puis embrasse la poignée. Pendant ce mouvement, l'homme prend la position ci-dessus prescrite.

Quand on croise la baïonnette, et qu'on veut mettre l'arme sur l'épaule, ou à l'épaule, on commande : ARME AU REPOS ; on met l'arme dans la position d'apprêtez (§ 7, *b*.), on la met au repos (§ 7, *d*.), puis au commandement de ARME SUR L'ÉPAULE ou d'ÉPAULE, on se conforme encore à ce qui a été prescrit (§ 7, *d* et *e*).

Veut-on pendant la marche croiser la baïonnette, on devra commander :

POUR L'ATTAQUE, L'ARME — A DROITE (*Zur Attacke Gewehr-rechts*).

Exécution : L'homme est-il l'arme sur l'épaule, la main gauche descend légèrement la crosse contre la hanche gauche, la main droite saisit l'arme à hauteur de l'épaule et l'apporte contre le côté droit, le bras allongé, la baïonnette tournée en avant.

L'homme est-il l'arme au pied, la main gauche embrasse l'arme contre la grenadière, la main droite abandonne rapidement la platine, et ressaisit l'arme au-dessous de la gauche. Cette dernière est retirée, tandis que la main droite incline l'arme jusqu'à ce que le bras soit allongé, et de façon que la baïonnette ait une inclinaison en avant.

On commande ensuite : CROISEZ LA BAÏONNETTE.

On place alors rapidement l'arme à la position prescrite contre la hanche droite ; la main gauche l'empoigne à pleine paume au centre de gravité, la main droite embrasse la poignée.

CHAPITRE III

MANIEMENT D'ARMES DES SOUS-OFFICIERS, DU FUSIL DE FUSILIER, DU DRAPEAU, DE L'ÉPÉE (SABRE) DES OFFICIERS.

§ 9. Maniement d'armes des sous-officiers.

Comme points communs, le sous-officier se tient l'arme au pied comme le soldat, il porte l'arme, la met sur l'épaule et revient l'arme au pied, comme il a été prescrit pour le soldat § 6. Il présente l'arme, la croise et la place sur l'épaule comme lui.

Quand une troupe à rangs serrés charge les armes, le sous-officier ne prend part au mouvement que si elle fait partie d'un carré ; il l'exécute alors comme il a été prescrit § 7.

Les sous-officiers qui se trouvent au premier rang du carré apprêtent leurs armes en même temps que lui comme nous avons vu § 8.

Dans l'attaque à la baïonnette, les sous-officiers redressent et croisent l'arme en même temps que le premier ou le second rang s'ils en font partie.

§ 10. Maniement d'armes du fusil de fusilier.

Le maniement d'armes du fusil de fusilier s'exécute comme il a été prescrit §§ 6 à 8.

On peut former en faisceaux le fusil de fusilier sans se servir de baïonnette, mais en croisant les baguettes qui servent à décharger l'arme.

On met la baïonnette au canon et on la remet au fourreau sur un commandement ou un signal (§ 137).

Dans ce dernier cas, chaque homme sans attendre d'autre ordre, exécute le mouvement pour lui.

a. Mettre la baïonnette au canon.

Commandement : METTEZ LA BAÏONNETTE (*Seitengewehr pflanzt auf*).

Exécution : L'arme est apportée d'aplomb devant le milieu du corps, de façon que le canon soit tourné vers la poitrine, et éloigné d'elle de deux largeurs de main. La main gauche embrasse avec les quatre doigts le bois, le pouce sur le canon à hauteur du tenon de la baïonnette. La main droite passe sous le bras gauche ployé, et saisit la baïonnette par la douille. Elle est tirée du fourreau, apportée devant le milieu du corps dans une position verticale, la pointe en haut, la branche à hauteur de la bouche de l'arme, le dos de la baïonnette tourné vers l'arme. Puis la rainure du ressort est placée sur le tenon, la lame du ressort est pressée avec la main gauche, la rainure de la douille glissée sur le canon, et la baïonnette enfoncée jusqu'à ce qu'on soit arrivé au bout de la lame du ressort.

b. *Remettre la baïonnette.*

Commandement : REMETTEZ LA BAÏONNETTE (*Seitengewehr an Ort*).

Exécution : L'arme est comme pour mettre la baïonnette, apportée devant le milieu du corps; le pouce de la main gauche presse le ressort de la douille et élève verticalement la baïonnette, de telle sorte que la douille, où aboutit le coude, abandonne le canon. Puis la main droite porte la baïonnette la pointe la première au fourreau. Enfin, la baïonnette est mise avec précaution au fourreau.

L'arme après qu'on a mis ou remis la baïonnette, se replace à la position qu'elle avait avant le signal ou le commandement.

On en excepte le cas où lors du signal ou du commandement : Mettez la baïonnette, l'arme serait armée. Dans ce cas, chaque homme met son arme au repos, puis après avoir mis sa baïonnette, au lieu de revenir à sa position première, la porte dans le bras droit comme pour l'attaque.

On peut mettre la baïonnette ou l'ôter dans toutes les positions de l'arme par un signal ou un commandement, même lorsque les troupes sont à l'exercice.

On met encore la baïonnette, lorsque le caractère

du combat l'exige, ainsi pour l'attaque et la formation des carrés ; exceptionnellement aussi pour les grandes revues comme inspections, revues d'ensemble ou défilés (1).

§ 11. Maniement du drapeau.

Dans le maniement du drapeau, comme dans les paragraphes suivants où l'on décrit le maniement de l'épée (sabre), la cadence est celle du pas, de 112, à la minute. Le drapeau se tient ordinairement comme l'arme, au pied.

a. *Porter le drapeau.*

Exécution : Deux mouvements.

1. Le drapeau est élevé avec la main droite ; la main gauche le saisit au-dessus du coude droit, l'avant-bras gauche est alors horizontal.

2. La main droite embrasse à pleine paume le sabot, la main gauche approche la hampe de l'épaule et la renverse.

b. *Reposer le drapeau.*

Exécution : La main droite se desserre, et laisse glisser le drapeau jusqu'à ce qu'il atteigne le sol.

---

(1) Les postes dans les villes de garnison mettent de même la baïonnette dès la brune.

c. *Porter le drapeau sur l'épaule.*

Exécution : La main droite saisit le drapeau assez bas pour qu'en l'inclinant sur l'épaule, on le puisse porter avec aisance.

d. *Salut.*

Exécution : Six mouvements.

1. Le drapeau est saisi avec la main gauche à hauteur de l'épaule, sans en être détaché.

2. Le drapeau saisi des deux mains est apporté d'aplomb devant le milieu du corps.

3. Le drapeau est incliné la pointe vers le sol.

4. Le drapeau est redressé.

5. Sans qu'on change les mains, le drapeau est reporté contre l'épaule droite.

6. La main gauche est renvoyée à la position.

Le premier mouvement du salut est exécuté en même temps que le mouvement d'ensemble de présenter l'arme; les autres le sont dans la cadence prescrite ci-dessus, sans attendre le mouvement d'ensemble de l'arme à l'épaule.

§ 12. Maniement de l'épée (sabre) des officiers.

a. *Port de l'épée ou du sabre.*

L'épée ou le sabre, se porte le bras ployé, la main droite assez avancée pour que la pointe de la lame ne soit pas inclinée en avant, le dos repose contre l'épaule, la poignée appuyée à la hanche.

En principe, le pouce est passé autour de la branche, et l'épée (sabre) repose alors dans le creux de la main, de telle sorte que le manche se trouve entre le deuxième et le troisième doigt. Ce n'est que dans les revues quand on défile au port d'armes, et toutes les fois que l'on veut rendre les honneurs, qu'on porte le sabre de telle façon que le premier doigt soit devant, le pouce sur le côté, les trois au· tres doigts derrière le manche. On ne tient alors l'épée que par le corps de la poignée. Pour le sabre, au contraire, le premier doigt et le pouce embrassent les branches, et les autres doigts se trouvent derrière le corps. Pour cela, on remue un peu le bras, par contre, le bras gauche est conservé allongé.

Quand on est l'arme au pied, les officiers empoignent à pleine main la poignée de leur épée (sabre) et l'inclinent sans la tourner, de façon que la pointe et le tranchant soient vers le sol. Quand on met l'arme à l'épaule, on replace l'épée (sabre) à la position que nous avons indiquée, puis quand on repose, on l'incline par le moyen que nous venons de voir.

Les sergents-majors, etc. portent le sabre comme les officiers.

Les officiers d'état-major, et les adjudants de bataillon quand ils sont montés portent leur sabre comme il est prescrit pour les cuirassiers, c'est-à-dire que la main droite embrasse le corps avec le pouce et les deux doigts les plus voisins, tandis que les deux autres sont placés derrière. La poignée est tenue contre la hanche droite au-dessous de la taille, le dos de la lame appuyée à l'épaule.

b. Salut.

Exécution : Deux mouvements.

1. L'épée (sabre) est apportée d'aplomb, le plat contre le corps, devant le milieu de la poitrine, de telle sorte que le quillon se trouve à hauteur du cinquième bouton de la tunique.

2. La pointe de l'épée (sabre) est abaissée à plat vers la terre, de telle sorte que le bras étendu pende le long de la cuisse droite.

Le premier mouvement du sabre se fait en même temps que les soldats présentent les armes, le second le suit à la cadence prescrite.

Les officiers tiennent l'épée dans cette position jusqu'à ce que les hommes mettent l'arme à l'épaule. Au moment où les soldats portent l'arme à l'épaule, ils rapportent leur épée (sabre) devant la poitrine, puis par un second mouvement la replacent au côté droit.

Les sergents-majors, etc. ne saluent pas quand on présente les armes.

§ 13. Indications générales.

Dans l'instruction des soldats isolés ou en troupe, on doit avoir grand soin de ne jamais excéder leurs forces. Il est aussi nécessaire que dans les sujets d'exercice on ait l'attention de mettre assez de variété pour ne pas retenir trop longtemps leur attention sur une seule et même chose.

Ce principe trouve surtout son application lorsqu'il s'agit des recrues ; aussi, dès que la base de leur instruction a été établie par les sujets traités des §§ 1 à 8, on leur apprend par exemple les principes préliminaires de la charge, et on les exerce encore pour augmenter la variété, sur le combat de tirailleurs et non-seulement sur ses formations régulières; mais encore sur l'utilisation du terrain. C'est pour atteindre ce même but qu'on peut encore joindre à ces exercices, la gymnastique.

TITRE II.

DE LA RÉUNION EN TROUPE;
DE LA COMPAGNIE.

CHAPITRE IV.

DE LA RÉUNION EN TROUPE.

§ 14. Réunion en troupe.

Après que l'instruction du recrue est finie, on les réunit à plusieurs, en rangs et en files, et par des exercices en troupe, on les met en état d'entrer à la compagnie pour le combat à rangs serrés, comme pour celui de tirailleurs.

Les principes à suivre pour l'instruction d'une troupe, sont identiques à ceux prescrits pour l'instruction d'une compagnie, au chapitre V qui suit, on devra donc s'y reporter exclusivement.

CHAPITRE V.

FORMATION, DIVISIONS ET ALIGNEMENT DE LA COMPAGNIE.

§ 15. Formation sur trois rangs.

On forme la compagnie sur trois rangs (1) ; les hommes les plus grands forment le premier rang ; les plus agiles et les meilleurs tireurs sont choisis pour le troisième rang, parce que ces qualités sont fort importantes pour le rôle que nous verrons assigner à ce rang. Les hommes sont placés dans chaque rang, de la droite à la gauche d'après leur taille.

Pour que l'ensemble du rang soit bien formé, chaque homme doit se conformer scrupuleusement à tout ce qui a été prescrit jusqu'ici ; on doit ajouter, qu'avec arme ou sans arme, chaque homme doit tenir au coude de son voisin, mais sans le serrer ou s'appuyer sur lui; que la poitrine et les épaules de chaque soldat doivent être dans la direction du rang.

----

(1) Les compagnies de chasseurs et de tirailleurs sont formées sur deux rangs.

La distance d'un rang à l'autre est de 4/5 de pas ou 64 nouveaux pouces (environ 2 pieds ancienne mesure), comptés du dos du chef de file à la poitrine de l'homme qui le couvre. Cet intervalle entre les rangs doit être scrupuleusement maintenu tant qu'on ne prescrit pas de le resserrer. Les deux rangs de derrière doivent se maintenir exactement dans la direction du premier. Les hommes de derrière sont correctement à leur chef de file quand il les cache. Deux (ou trois) soldats ainsi placés l'un derrière l'autre forment une file (*Rotte*).

Quand une compagnie ne peut pas se partager en un nombre de files pleines de trois hommes, la première place qu'on laissera vacante sera au second rang, ensuite au troisième, à l'aile gauche.

§ 16. Division en pelotons (*Züge*); demi-pelotons (*Halbzüge*) et Sections (*Sectionen*).

La compagnie ainsi formée, se partage en deux fractions égales, dites pelotons. Quand le nombre de files est impair, on en met une de plus au peloton de droite qu'à celui de gauche. Les pelotons reçoivent leur nom de la place qu'ils occupent dans la formation du bataillon, et le conservent même au cas où la compagnie agirait isolément.

Quand les pelotons sont forts de 16 files et au-dessus, on les partage en demi-pelotons. Les pelotons de 15 files et au-dessous ne sont pas partagés en demi-pelotons, mais seulement en sections.

Dans les deux cas, les sections ne doivent pas avoir plus de 6 files et moins de 4.

§ 17. Répartition des officiers, sous-officiers, tambours et clairons.

Quand la compagnie se trouve formée en bataille, le capitaine est à la droite du premier peloton, le premier-lieutenant à la droite du second peloton. Le plus ancien et le plus jeune second-lieutenant sont placés derrière le premier peloton. Le deuxième second-lieutenant se trouve à l'aile gauche de la compagnie ou du second peloton.

Derrière chaque chef de peloton, se trouve sur l'alignement du troisième rang, un sous-officier, qui dans tous les cas, à l'exception de la charge § 21, prend la place de l'officier quand celui-ci la quitte. Derrière la deuxième file de l'aile gauche de chaque peloton, à deux pas derrière le troisième rang, se tient également un sous-officier. On le nomme sous-officier d'aile.

Les autres sous-officiers sont également répartis derrière les deux pelotons, à deux pas en arrière du troisième rang. Le sergent-major à l'aile droite, derrière la deuxième file du premier, le vice-sergent-major ou l'enseigne porte-épée, se tient de même derrière la deuxième file du second. Les sous-officiers doivent être sur un rang et alignés.

Les officiers en serre-file se tiennent à deux pas en arrière de la ligne des sous-officiers. Si un officier se trouve seul en serre-file, il se tient derrière le milieu du peloton ; s'il y en a deux, le plus ancien se place derrière la deuxième file de droite, le plus jeune derrière la deuxième file de gauche.

Les tambours et clairons, placés sur un rang, sont ordinairement pour les revues d'effectif, à la droite de la compagnie, laissant deux pas d'intervalle entre eux et la droite du deuxième rang. Dans tous les autres cas, ils se tiennent sur un rang derrière le milieu de la compagnie, à huit pas de la ligne des officiers, et se maintiennent pendant les exercices, dans cette relation avec la compagnie.

Quand le capitaine se place devant sa compagnie pour commander l'ensemble, le plus ancien second-lieutenant prend sa place. Si la compagnie est isolée, ou fait un mouvement, seule, le capitaine la conduit et commande l'ensemble. Le plus ancien second-lieutenant commande le premier peloton, le premier-lieutenant le second peloton, le deuxième second-lieutenant encadre la compagnie, et le troisième second-lieutenant marche derrière le premier peloton. C'est un usage très-répandu à cause de son utilité, qu'un tambour et un clairon suivent le capitaine.

§ 18. Alignement.

L'alignement consiste en ceci, que chaque soldat se porte exactement sur la ligne déterminée pour son rang, dont la direction lui est donnée par son voisin, de façon que les talons, la poitrine et les épaules de chacun des hommes qui forment le rang, soient exactement dans une même ligne, autant que les différences de conformation du corps humain le peuvent permettre.

Cela n'enlève pas le moins du monde la possibilité pour l'homme de pouvoir voir la direction du rang, en tournant la tête sur le côté, ce qu'on doit lui permettre afin qu'il puisse juger de sa position. Ainsi, dans la pratique, on dóit apprendre à l'homme, que, quand il est tout à fait bien placé, en tournant la tête à droite, vers la base d'alignement, il ne doit voir avec son œil droit que son voisin de droite, mais qu'en avançant un peu l'œil gauche, il doit pouvoir découvrir tout le front du rang. Quand l'homme satisfait à cette double condition, il relpace la tête directe, il est correctement aligné.

Le soldat de pied ferme ou en marche, s'aligne dans le rang, à droite ; et l'on devra indiquer chaque fois que par exception il devra s'aligner à gauche.

On doit tenir strictement à ce que les hommes

qui ne sont pas correctement alignés, ne penchent pas le haut du corps en avant ou en arrière, pour corriger cette faute, mais qu'ils reprennent la position convenable, par un mouvement en avant ou en arrière, en conservant le corps droit. Du reste, il se présente souvent que l'homme en s'alignant à gauche, avance le pied gauche, en s'alignant à droite, le pied droit, plus que ne le veut la position régulière, tourne la pointe du pied trop en dehors, ne tient pas les talons sur la même ligne, ce qui entraîne les hanches et les épaules hors de la bonne direction, ou que pour prendre le coude de son voisin, il s'approche tant, qu'il en est gêné.

On devra apprendre à un tel homme à regarder ses pieds, à les bien placer, puis à chercher à s'aligner par les moyens indiqués. Après qu'on a donné à chaque homme une connaissance suffisante des principes d'alignement, et qu'on les lui a expliqués clairement, on obtient que les hommes formés en un ou plusieurs rangs s'alignent à la fois sans que l'instructeur ait besoin de faire rentrer ou sortir fréquemment les uns ou les autres.

Pour donner aux recrues l'habitude de s'aligner vite et correctement, on fait porter successivement tous les hommes du rang sur la direction indiquée au commandement de ALIGNEZ-VOUS (*Richt-euch.*) En faisant converser les files d'aile qui servent de base à l'alignement, en les portant en avant ou en arrière, et en faisant placer correctement les autres sur cette nouvelle ligne, on obtient ce résultat, le plus sûrement et le plus rapidement possible.

Quand c'est sur les files de l'aile gauche que l'on aligne, on commande pour tous les alignements à gauche. YEUX — A GAUCHE (*Augen — links*).

On doit se porter sur l'alignement, dans la cadence de la marche, mais pas par des sauts en avant qui rendraient ensuite nécessaire de rentrer, et retardant le mouvement empêcheraient ainsi le rang de s'aligner rapidement.

§ 19. Tracé de l'alignement.

Généralement, la ligne sur laquelle on veut porter le rang est indiquée par des officiers ou des sous-officiers qu'on appelle ici points. Au commandement de POINTS — SORTEZ (*Points — vor*) ils se portent en avant du front. Au commandement de ALIGNEZ — VOUS, les hommes du rang se portent sur cette ligne. Les rangs qui sont derrière, s'avancent en même temps que le premier, en conservant leur distance, et s'alignent en même temps, vite et correctement. On peut se porter sur la ligne au port d'armes, ou l'arme sur l'épaule. Quand la compagnie est réunie, au commandement de POINTS — SORTEZ, les deux chefs de peloton et l'officier de l'aile gauche sortent pour tracer le nouvel alignement. Au commande-de ALIGNEZ — VOUS, toute la compagnie s'avance et s'encadre entre eux.

L'alignement en arrière ne se fait que pour de courtes distances, sans lever les pieds, et dans la cadence du pas. Les hommes, au commandement de : EN ARRIÈRE ALIGNEZ-VOUS — MARCHE (*Ruckwärts richt euch* (*Marsch*) portent le pied gauche en arrière, sans se croiser. On a soin de faire chaque fois quelques pas en arrière de la ligne sur laquelle on doit s'établir. Au commandement de : HALTE, les points sortent, et l'on continue par les moyens qui ont été prescrits. La tête qui se tourne à droite, pendant qu'on s'aligne en arrière, est replacée directe au commandement de : HALTE.

On doit apporter beaucoup de soin et d'attention à la position et à l'alignement, car si cette base de l'instruction n'est pas bien établie, le soldat ne peut avoir d'aisance dans le maniement des armes, ni dans les exercices.

CHAPITRE VI

MANIÉMENT D'ARMES ET CHARGE DE LA COMPAGNIE.

§ 20. **Maniement d'armes**.

Le maniement décrit § 6, peut-être exécuté par la compagnie réunie ensemble et en cadence.

Seulement, quand on doit faire le maniement d'armes, avant de présenter l'arme, on fait le commandement d'avertissement de : MANIEMENT (*Griffe*) ; c'est alors le signal où les officiers et le drapeau saluent, et où le clairon sonne.

§ 21. Charge face en avant, salve.

Une compagnie sur trois rangs, exécute la charge de la manière suivante :

Premier commandement : BATAILLON DOIT CHARGER — CHARGEZ (*Bataillon soll chargiren, — geladen*).

Exécution : Tout à fait conforme à ce qui a été dit plus haut, § 7, *a*, 1.

Deuxième commandement : CHARGEZ (*Chargirt*).

Exécution : Le second rang fait un pas à droite et en avant vers le rang de devant ; le troisième rang reste immobile, l'arme sur l'épaule, pendant que les deux autres chargent. Les officiers chefs de peloton, et l'officier de l'aile gauche se portent sur l'alignement du troisième rang, et le sous-officier de l'aile droite sur le rang des serre-files. Le capitaine se porte, aussitôt que la charge a un objet sérieux, derrière le centre de sa compagnie, il y demeure tant qu'elle dure.

Troisième commandement : APPRÊTEZ (*Fertig*).

4ᵉ   —   EN JOUE (*Legt-an*).

5ᵉ   —   FEU (*Feuer*).

6ᵉ   —   CHARGEZ (*Geladen*).

Ce qui s'exécute par les hommes du premier et

du deuxième rang comme il a été prescrit § 7, *a*. Le commandement de : Feu se fait ici allongé, pour éviter que les hommes préoccupés par la crainte de ne pas tirer tout à fait en même temps ne visent pas le but, ou n'agissent trop brusquement sur la détente.

Si la compagnie a déjà chargé, le tir ne se continue pas comme après la charge, et naturellement le premier commandement (bataillon doit charger, chargez) est à négliger, mais on emploie alors le second (puisqu'on a chargé).

Par bataillon — chargez (*mit Bataillon — chargirt*), puis le feu se continue jusqu'au commandement de :

Arme au — repos, — l'arme — sur l'épaule (*Gewehr in — ruh, das Gewehr — über*), ce qui s'exécute comme on a vu § 7, *d*.

Au dernier mot du commandement, le deuxième rang reprend sa place primitive. Les officiers qui étaient en avant, les sous-officiers et les clairons reprennent leur place ; le capitaine se replace devant sa compagnie.

Les serre-files, officiers et sous-officiers, doivent avoir attention à ce que les hommes exécutent correctement et sans précipitation le maniement d'armes, qu'ils chargent (1), et tirent bien. Ils doivent

---

(1) On doit veiller particulièrement à ce que la position inclinée de l'arme au moment où on l'apprête, n'entraîne pas les hommes à tirer trop haut.

avoir le plus grand soin à ne pas rompre, par leurs rectifications, le calme et le silence, qui dans une compagnie bien instruite, doivent exister aussi bien pendant l'exécution de la charge que pendant tout l'exercice.

§ 22. Salve de rang ou feu de carré.

Le feu, dans un carré (§ 90), s'exécute par salve, soit par le premier, soit par le deuxième rang, soit par tous deux à la fois.

Au commandement de : CARRÉ, APPRÊTEZ (*Carree — fertig*), le premier rang croise la baïonnette, le deuxième avance un pas en avant et à droite, et apprête les armes. Le commandant commande : PREMIER OU SECOND RANG, OU PREMIER et SECOND RANG (*Erstes Glied, zweites Glied — erstes und zweites Glied*), EN JOUE, — FEU. Les hommes du rang désigné mettent en joue, font feu et rechargent leur arme au commandement.

Pour augmenter l'attention des hommes, ce qui est nécessaire dans le carré, on doit d'abord employer cette façon d'exécuter des feux, et de temps en temps on leur fait replacer l'arme (§ 7, *c.*).

§ 23. Feux rapides.

Ces feux s'exécutent non pas à commandement, mais chaque homme pour son compte. Après avoir chargé ensemble comme il a été prescrit § 24, on apprête les armes au commandement ordinaire, puis on donne le signal avec le tambour (deux coups de baguette et un court roulement). A ce signal, chaque homme met en joue, vise le mieux possible, fait feu, charge rapidement et fait feu de nouveau dès qu'il peut saisir le but. Le feu est entretenu de cette manière jusqu'à ce qu'on donne l'ordre de le cesser.

Le signal pour cela est un roulement un peu long, exécuté par les tambours du bataillon tous ensemble. On doit tenir strictement à ce qu'aucun coup ne soit plus tiré dès qu'on donne ce signal. L'homme qui vient de faire feu, charge son arme, l'apprête et attend un commandement ultérieur.

Cette manière d'exécuter le feu rapide, est encore à employer, comme conclusion dans le combat de tirailleurs, quand les circonstances le rendent nécessaire.

Le feu rapide ne doit pas toujours être employé comme suite des feux à commandement; bien plus, on doit habituer strictement les hommes à ne pas tomber d'eux-mêmes de ce feu dans le feu d'ensemble.

Ces deux sortes de feux sont donc à distinguer dans la pratique, et en principe, le feu rapide ne doit être employé par une troupe à rangs serrés que dans des cas rares et exceptionnels. On ne devra le recommander que si l'on n'a pas à se préoccuper d'une grande consommation de cartouches, si l'on a besoin d'avoir la plus grande quantité de coups sur le but, et quand le vent emportant la fumée de la poudre, permet de voir ce but. Par contre, on doit en principe employer le feu à commandement, surtout dans le cas où l'on a besoin de conserver dans toute son intégrité le commandement sur les troupes.

§ 24. **Charge face en arrière.**

Quand une compagnie a fait demi-tour et doit charger face en arrière, on doit d'abord commander : Sous-officiers traversez (*Unteroffiziere durch*) ; les serre-files, officiers et sous-officiers, et les tambours et clairons, traversent rapidement par le chemin le plus court, les ailes de la compagnie et le créneau du chef du second peloton, et vont se mettre en avant du premier rang, à une place correspondante à celle qu'ils occupaient derrière le troisième.

Au commandement Chargez, etc., le troisième rang exécute tout ce qui a été prescrit § 21 pour le premier, et le premier exécute tout ce qui a été prescrit pour le troisième. Les sous-officiers d'aile droite, restent au troisième rang.

Après que le feu est terminé, on commande : Bataillon entier — front ; on exécute le demi-tour, et les serres-files, officiers et sous officiers, ainsi

que les tambours et clairons reprennent par le
même chemin que plus haut, leur place primitive.

CHAPITRE VII.

MOUVEMENTS DE LA COMPAGNIE.

§ 25. Conversions sur place.

La conversion sur place décrite § 2 s'exécute de
la même façon pour toute la compagnie réunie.

Quand on veut la faire exécuter, on en prévient
par le commandement d'avertissement : CONVERSIONS
(*Wendungen*), les chefs de peloton restent à leur
place dans le rang, et conversent avec lui.

§ 26. Appuyer.

Pour faire appuyer à droite ou à gauche une compagnie, sans changer son front d'alignement, on
commande APPUYEZ A DROITE (A GAUCHE) (*Rechts
(links) schlieszt euch*). Les officiers chefs de peloton,
se placent en avant et contre leur homme d'aile
droite ; l'officier de l'aile gauche de la compagnie,
en avant de son homme d'aile.

Quand le point auquel on doit appuyer n'est pas
indiqué par une troupe contre laquelle on doit se

placer, on le fait marquer par un sous-officier des serre-files, qui se place sur le prolongement de la ligne qui lui est indiquée par les officiers qui sont sortis.

Quand après le commandement de HALTE, l'alignement a été vu rapidement, les officiers reprennent leur place au commandement de RENTREZ (*Einge-treten*) si l'on a appuyé à droite, et à celui de YEUX DROITS, si c'est à gauche.

Ce mouvement d'appuyer ne doit pas être exécuté par une troupe plus forte qu'une compagnie ; il ne l'est pas non plus comme exercice ni comme examen.

§ 27. Marche de front.

L'alignement sert en même temps de préparation à la marche de front, qui ne consiste qu'à faire avancer perpendiculairement le front de la troupe.

Pour empêcher que les hommes ne prennent l'habitude de s'appuyer les uns sur les autres, on les fait d'abord marcher en rangs, mais avec des intervalles entre eux.

En principe, l'alignement d'un rang se prend toujours à droite ; quand on doit exceptionnellement le prendre à gauche, on commande d'abord YEUX A GAUCHE. Qu'il y ait ou non un rang devant, cela n'entraîne aucune différence. La direction se prend du côté où l'on aligne.

Les principes de la marche de front sont les suivants :

1° On indique à l'homme de droite (le sous-officier d'aile, ou le chef de peloton), et quand la direction est à gauche, à l'homme de gauche, un point éloigné, qui se trouve sur la perpendiculaire au front du rang. C'est sur cette direction que marche l'homme que nous venons de dire, dans la cadence du pas, et sans appuyer à droite ou à gauche. Il a soin d'assurer la direction de marche qu'on lui donne, en prenant des points intermédiaires.

Chaque sous-officier d'aile, doit avoir soin, quand on ne lui indique pas de point de direction, de marcher exactement sur la perpendiculaire au front du rang.

2° Le soldat doit sentir légèrement le coude de son voisin du côté de la direction, sans jamais le quitter. Par ce moyen, et par un pas bien égal, on conservera plus facilement la direction de ce côté, que si l'on voulait l'obtenir en employant seulement les yeux, ce qui serait très-difficile, car en les tournant, on entraîne la tête et les épaules. En poussant fortement son voisin du côté de la direction, on le repousserait en dehors de la direction, et enfin on y pousserait ainsi l'homme de l'aile (sous-officier d'aile ou chef de peloton).

3° Le bras droit et le bras gauche ne sont pas balancés, mais maintenus à la position prescrite, sans quoi le soldat occuperait dans le rang plus d'espace qu'il n'est nécessaire.

4° On doit céder à la pression qui vient du côté de la direction, et résister à celle qui vient du côté opposé. Sans cette attention celui qui donne la direction serait rejeté en dehors.

5° Le soldat ne doit reprendre que progressivement le coude de son voisin du côté de la direction s'il vient à le perdre. Arrive-t-il parfois qu'un soldat, dans le rang, se jette par maladresse à droite ou à gauche, si son voisin, puis un deuxième et un troisième se conformaient aussitôt à ce faux mouvement, la faute d'un seul homme se propagerait à plusieurs. Si l'on mettait de la précipitation à corriger cette faute, il en résulterait du flottement dans la marche, ce qui est l'indice d'une troupe peu exercée.

6° Si le soldat se trouve lui-même trop en avant ou trop en arrière, il devra avoir soin de n'allonger ou de ne raccourcir que lentement et peu à peu son pas, d'une façon presque insensible, pour se replacer sur l'alignement.

§ 28. Marche oblique.

Quand une troupe marchant en avant doit gagner du terrain en avant et aussi sur le côté, cela se fait par la marche oblique à droite ou à gauche.

L'angle que forme la direction de cette marche avec la direction primitive est de 45 degrés.

3.

Au commandement : OBLIQUE A DROITE (A GAUCHE),
MARCHE, chaque homme suivant le côté indiqué, se
tourne comme il lui a été ordonné. Une fois sur
cette nouvelle direction, il va droit devant soi. On
doit observer que les hommes sont bien placés l'un
par rapport à l'autre, quand dans la marche oblique à droite, l'épaule droite de chacun d'eux se
trouve derrière l'épaule gauche de l'homme placé
à leur droite, que c'est le contraire dans la marche
oblique à gauche.

Veut-on faire reprendre la marche dans une
direction perpendiculaire au front primitif de la
ligne, on se sert du commandement : DROIT EN
AVANT (*gerade — aus*) ; aussitôt, on exécute la conversion commandée.

Les chefs de peloton se placent près de leur compagnie comme il est prescrit dans un chapitre suivant, § 51, relatif au bataillon.

§ 29. Marcher par le flanc, à droite ou à gauche.

Pour marcher par le flanc, on se sert du commandement :

1. A DROITE (A GAUCHE) — PAR LE FLANC (*Rechts
(links) — um*).

2. BATAILLON — MARCHE (*Bataillon — Marsch*).
Exécution :

1. Tous les hommes, dans les trois rangs, exé-

cutent la conversion indiquée. Les officiers, chefs de peloton, après avoir conversé à droite, se portent à la gauche de l'homme de droite; si c'est à gauche, à la droite de l'homme de l'aile gauche du premier rang. Les deux rangs qui sont derrière conversent comme le premier.

L'officier de l'aile gauche de la compagnie, se porte après avoir conversé à droite, à la gauche de l'homme de gauche du premier rang, et si c'est à gauche derrière le second peloton. Un sous-officier des serre-files qui se trouvent vers la tête du peloton, se porte à huit pas en dehors du premier rang, pour donner le pas à la compagnie.

2. Tout le monde part à la fois. Le sous-officier qui marche en tête, et si l'on a fait à droite, le sous-officier d'aile, ou si l'on a fait à gauche, l'homme de gauche conservent exactement la cadence du pas. On doit marcher le jarret tendu, et l'on doit veiller à ce que les hommes, par crainte de rencontrer les talons de leur chef de file, ne les ploient pas. On perdrait ainsi la distance entre les files et la cadence du pas. Les deux rangs de derrière se maintiennent alignés sur le premier.

§ 30. Changer de direction de marche par file.

Une compagnie en marche, doit-elle changer de direction à droite ou à gauche, par file, le capitaine commande : Tête a droite (a gauche) conversez —

MARCHE (*Tete, rechts (links), schwenkt — marsch*) et lorsqu'elle a pris cette nouvelle direction de marche : DROIT — EN AVANT (*gerade — aus*). Chaque homme se dirige comme nous avons vu pour son chef de file.

§ 31. Étant par le flanc, se former en bataille.

a. *Par une conversion sur place.*

Une compagnie marchant par le flanc, peut se former en bataille de chaque côté. Si elle doit le faire du côté de son front primitif, on commande : BATAILLON — HALTE — FRONT.

Si elle doit reprendre son front primitif étant en marche, cela se fera par une conversion de chacun des hommes au commandement de : A DROITE (A GAUCHE) — PAR LE FLANC (*Rechts (links) — um*).

On emploie surtout la demi-conversion (à droite ou à gauche par le flanc), qu'on soit en marche ou de pied ferme pour exécuter ce commandement. Pour la conversion entière, le commandement de : DEMI-TOUR (*Kehrt*), doit précéder immédiatement celui de : HALTE. Par contre, au commandement de faire front, sans s'inquiéter qu'on doive s'arrêter, on fait front de nouveau, et ce n'est qu'ensuite, au commandement, que tous s'arrêtent ensemble.

b. *En portant les files en ligne.*

Si l'on veut faire front dans une direction perpendiculaire à celle de la marche, cela s'exécute en portant les files en ligne. Le commandement est : A DROITE (A GAUCHE), EN LIGNE — MARCHE (*Rechts (links), marschirt, auf — Marsch*) ; et si l'on est en marche : MARCHE ! — MARCHE.

L'indication de la subdivision, peloton, demi-peloton, ou section, suivant laquelle on veut se former en ligne précède l'énonciation de ce commandement.

L'homme d'aile du second rang, prenant la distance prescrite, se place derrière son chef de file ; l'homme d'aile du troisième rang, se place de même derrière celui du deuxième. Les autres files se portent en avant par un demi à droite ou un demi à gauche; puis prennent le tact des coudes et la direction du côté de l'aile déjà établie, ou si le mouvement se fait en marchant, du côté de l'aile qui se trouve en tête. Si c'est l'aile gauche, après que l'on est formé en ligne, on commande : YEUX — DROITS.

Toutes les fois que le mouvement de se porter en ligne s'exécute en marchant, la portion qui doit avancer devra prendre le pas de course (*trabe*), et reprendra le pas de la tête quand elle arrivera à sa hauteur.

§ 32. Conversions de pied ferme.

Pour exécuter la conversion étant de pied ferme, on commande :

.Par peloton (demi-peloton, section), à droite (à gauche), conversion — marche (*Mit Zügen (Halbzügen, Sektionen), rechts (links), schwenkt — Marsch*).

Les mots de par peloton à droite (à gauche), conversion, ne servant que d'avertissement, ne doivent pas être prononcés en les allongeant, mais brefs.

Au commandement de : Marche, le peloton (demi-peloton, section), se met en mouvement, sans frapper du pied, sans ployer le jarret. Les hommes raccourcissent d'autant plus le pas qu'ils sont plus près du pivot. Celui qui est au pivot reste en place, et converse sur place, de façon à se conformer au mouvement de l'aile qui tourne autour de lui. Après que le quart de conversion a été achevé, tous s'arrêtent au commandement de : Halte.

Quand une compagnie doit converser par peloton, au commendement de : Marche ! les deux pelotons partent à la fois. Le commandement de : Halte ! est fait par le capitaine et non par les chefs de peloton.

S'il se présente que plusieurs pelotons conversant ensemble, un peloton d'aile doive se porter en avant, on fait alors précéder le commandement de la conversion de l'avertissement : Premier (huitième), peloton droit en avant (*Erster (achter), Zug gerade aus*). Ce peloton se met en marche, au commandement de : Marche ! comme les autres ; mais il raccourcit un peu le pas, de façon qu'au commandement de : HALTE! qui suit, il n'ait pas avancé de plus de longueur de peloton.

Les règles suivantes, sont à observer pour conserver une direction dans les conversions, comme on en avait étant de pied ferme, à savoir :

La direction reste du côté de l'aile qui est fixe ; la cadence de la marche est donnée par l'homme qui est à l'aile marchante, sans que pour cela les hommes aient besoin de tourner la tête d'une manière gênante.

L'homme qui conduit cette aile, marche librement, se tourne, après qu'il a parcouru quelques pas vers l'aile qui reste fixe, porte les yeux sur l'espace qu'il a à parcourir, et de temps en temps sur le rang, sent légèrement le coude de son voisin, mais sans le serrer.

Les hommes du rang sentent légèrement le coude de leur voisin du côté du pivot, et résistent à la pression qui vient du côté opposé. En se conformant à ce principe, le pivot ne sera pas rejeté hors de sa place.

§ 33. Conversion en marchant.

Les conversions en marchant sont employées pour changer la direction de marche ; on les exécute également au commandement de : A DROITE (A GAUCHE) CONVERSION — MARCHE (*Rechts (links) schwenkt — Marsch*), après avoir désigné d'avance, le point où elles doivent s'exécuter, ou le peloton (subdivision) qui doit converser. La direction et le tact des coudes se prennent comme dans les conversions **du** pied ferme. Il est très-essentiel pour ces conversions, d'observer les principes suivants :

Quand le peloton qui doit converser a atteint le point indiqué comme pivot, ou qu'on lui donne l'ordre de converser. le chef de peloton commande : A DROITE (A GAUCHE), CONVERSION — MARCHE. L'aile marchante se meut sur le cercle qu'elle doit parcourir, les files de l'aile opposée marchent un pas raccourci, de façon à gagner la nouvelle direction de marche, en dégageant le pivot.

La conversion achevée, on fait le commandement de DROIT — EN AVANT (*gerade — aus*), auquel les deux ailes se portent en avant d'un pas égal.

Le deuxième peloton converse à la même place que le premier. Le chef de peloton commande seulement : CONVERSION — MARCHE et ensuite : DROIT — EN AVANT.

§ 34. Observations sur la colonne à distance entière.

La formation d'une colonne à distance entière (avec intervalles entiers entre les subdivisions) et les manœuvres qu'elle peut exécuter quand elle se compose d'une compagnie, se font d'après les principes donnés au chapitre suivant pour le bataillon.

On transforme une colonne à intervalles entiers,

en une semblable où l'ordre des subdivisions est inverse par le commandement de : CONTRE-MARCHE, A DROITE PAR LE FLANC et MARCHE (*Contre-Marsch rechts um — Marsch*). Après qu'on a fait l'à droite, la tête de chaque subdivision converse deux fois à gauche, puis se dirige droit devant elle jusqu'au commandement de : HALTE — FRONT.

Une compagnie isolée peut aussi exécuter la contre-marche comme exercice, ou quand c'est utile pour l'emploi des troupes à la guerre; suivant le rang qui est devant, ce sera l'aile droite ou l'aile gauche qui prendra la tête. Les subdivisions et les hommes doivent par suite être accoutumés à manœuvrer après avoir fait demi-tour et les pelotons ne se trouvant plus dans l'ordre habituel.

CHAPITRE VIII

COLONNE DE COMPAGNIE ET COMBAT DE TIRAILLEURS.

§ 35. Colonne de compagnie par peloton et demi-peloton.

a. Par peloton.

Une compagnie formée en bataille sur trois rangs d'après les prescriptions du § 15, se forme en colonne de compagnie de la manière suivante.

Au commandement du capitaine : Colonne de compagnie — formez (*Kompagnie, Kolonne—formirt*), si la compagnie est, dans le bataillon, en avant du drapeau, le troisième rang du peloton de droite avec les serre-files, officiers et sous-officiers qui sont derrière, se porte douze pas en arrière, et se remet face en tête. Le peloton impair faisant en même temps à gauche, s'établit avec ses deux premiers rangs, à un pas de distance derrière le premier et le deuxième rang du premier peloton, tandis que son troisième rang va se placer derrière le troisième rang du peloton de droite.

Si la compagnie prend rang, dans le bataillon, après le drapeau, cette manœuvre s'exécute de la manière suivante. Le peloton pair fait à droite, et le troisième rang du peloton pair se porte derrière le troisième rang déjà établi à douze pas en arrière.

La compagnie suivant qu'elle est dans le bataillon avant ou après le drapeau, se déploye en colonne la gauche ou la droite en tête, en trois pelotons, à un pas d'intervalle les uns des autres.

Le capitaine se place en avant de sa compagnie. La formation de la colonne de compagnie et du peloton de tirailleurs se fait au pas non cadencé.

Les chefs de peloton se tiennent près de leur homme d'aile droite ; le sous-officier de l'aile droite, se place derrière la file de droite, les autres sous-officiers se placent à l'aile gauche des pelotons respectifs derrière lesquels on les répartit. Les tambours se placent derrière la compagnie ; un clairon reste attaché au capitaine, les autres sont répartis entre les pelotons.

b. *Par demi-peloton.*

La colonne de compagnie étant formée par peloton, quand la force des pelotons le permet, d'après ce qui est prescrit § 16, on peut la former en colonne par demi-peloton au commandement de : PAR DEMI-PELOTON — ROMPEZ. (*In Halbzuge — brecht ab*). Dans une compagnie prenant place dans le bataillon en avant du drapeau, les demi-pelotons impairs font à gauche, et s'établissent à deux pas de distance en arrière du demi-peloton de droite. Dans les compagnies placées en arrière du drapeau, ce sont les demi-pelotons pairs qui font à droite et se placent derrière les demi-pelotons de gauche, en prenant deux pas d'intervalle.

La compagnie se forme donc suivant qu'elle prend place dans le bataillon en avant ou en arrière du drapeau, en une colonne serrée de six demi-pelotons, la gauche ou la droite en tête.

Le troisième second-lieutenant, le sergent-major, l'enseigne porte-épée et les sous-officiers nécessaires, en cas de besoin, prennent le commandement des demi-pelotons de droite. On place à l'aile gauche des demi-pelotons les sous-officiers qui peuvent encore se trouver répartis en serre-file.

Au commandement de : FORMEZ PAR PELOTON. — MARCHE (*In Züge marschirt auf — Marsch*), les demi-pelotons qui ont rompu, reprennent leur place par le flanc droit ou le flanc gauche.

Tous les mouvements de la colonne de compagnie y compris ceux de la troupe de soutien de la ligne des tirailleurs, se font au pas non cadencé et l'arme sur l'épaule. A l'exception des cas où la colonne de compagnie doit agir comme colonne serrée, ainsi, pour une attaque à la baïonnette, toutes les prescriptions relatives au combat de tirailleurs, lui sont applicables.

Au commandement de : COMPAGNIE — FORMEZ (*Kompagnie — formirt*), on reprend la formation primitive, en bataille sur trois rangs. Si la compagnie doit prendre une autre formation, on en doit faire l'énonciation dans le commandement.

§ 36. Formation de la ligne des tirailleurs.

Dans la plupart des cas, on emploie le peloton du troisième rang ou un demi-peloton du même, à former d'abord la ligne des tirailleurs, sans que pourtant ce soit une règle fixe. Il s'avance par le chemin le plus court à la distance prescrite (§ 40), et conserve son pas, ou le raccourcit, selon que les hommes désignés pour la formation de la ligne ont à avancer.

Au commandement de : EN TIRAILLEURS (*Schwärmen*), à moins d'ordres contraires, une section seule, celle de droite ou celle de gauche, exécute le mouvement de la façon suivante : chaque file faisant pour son compte un demi à droite, ou un demi à gauche, ou si l'on est sur la ligne où l'on doit déployer, un à droite ou un à gauche; puis l'on marche autant que le terrain à couvrir le rend utile, ou jusqu'au signal de : HALTE ! auquel on s'arrête.

Les deux hommes qui dans l'ordre à rangs serrés formaient une file restent ensemble; il est indifférent qu'ils soient à côté l'un de l'autre, ou l'un derrière l'autre.

L'écartement entre les diverses files est déterminé chaque fois suivant les circonstances. Mais en principe, en terrain découvert et plat, on doit ne pas les distancer de plus de six pas l'une de l'autre. L'alignement et la jonction se prennent vers le centre. Dans des terrains coupés ou boisés, il ne peut être question d'alignement ni d'égalité dans la mesure de l'écartement; on devra seulement avoir attention à ne pas perdre ses relations avec les files voisines; à cet effet, on ne devra pas les perdre de vue.

Pour être plus facilement dans la main de leurs chefs, les tirailleurs d'une section restent groupés pour les feux comme dans l'ordre serré. Les sous-officiers sont partagés entre les sections. Entre chaque groupe de feu, on garde (en terrain découvert) un intervalle de quelques pas, afin que les sous-officiers puissent surveiller suffisamment les groupes. Les sous-officiers n'ont pas de place fixe, mais doivent se porter partout où leur présence est nécessaire.

Le tirailleur porte pendant les manœuvres l'arme à plat dans la main droite; il peut encore, pour changer, la porter comme les chasseurs sous le bras droit ou le bras gauche. En principe, et surtout quand on les place, les tirailleurs doivent l'être de façon à tirer profit de tous les accidents du terrain pour le meilleur emploi de leur arme, ou pour se couvrir eux-mêmes.

L'officier, et le clairon qui l'accompagne, reste avec la plus grosse moitié de son peloton; il peut la déployer en tirailleurs, ou s'en servir comme troupe de soutien.

§ 37. Feu d'une ligne de tirailleurs.

Chaque tirailleur doit comprendre qu'il doit pouvoir charger et tirer, couché, assis ou à genoux, et enfin utiliser toutes les circonstances particulières qui lui permettront d'appuyer son arme. Il doit estimer avec précision l'éloignement de l'ennemi, et régler sa hausse en conséquence.

Les officiers et sous-officiers doivent être tout à fait rompus dans l'emploi de l'arme, car le moment du combat venu, c'est à eux que revient de tirer les coups d'essai, et par là de régler le tir. L'avertissement qu'ils donnent est communiqué à la droite et à la gauche de la ligne des tirailleurs, de proche en proche, à voix couverte.

Les deux hommes qui forment la file se règlent en principe, de telle sorte que l'un ait son fusil chargé au moment où l'autre vient de lâcher son coup. Il va de soi que chaque tirailleur, doit dès qu'il vient de tirer, recharger son arme sans retard.

Une ligne de tirailleurs en mouvement tire le moins possible. En principe, elle ne doit le faire que dans le cas où elle aurait à aider une attaque à la baïonnette qui doit se faire de son côté, ou si elle lutte, en battant la retraite devant une attaque ennemie. Quand on doit interrompre le tir pendant un mouvement, les chefs de troupe désignent l'homme qui doit tirer le dernier.

Dans les feux en avançant, l'homme qui veut faire feu doit toujours être devant, et celui qui vient de recharger et qui doit par conséquent rester silencieux ou se mouvoir le second, se tient derrière.

Lorsqu'on bat en retraite, celui qui veut faire feu est le plus voisin de l'ennemi ; quand il a lâché son coup, il se retire en avant de l'autre et recharge.

Dans une ligne de tirailleurs exécutant un mouvement de conversion à droite ou à gauche, celui qui veut tirer s'avance quelques pas du côté de l'ennemi, et tire son coup.

La tâche principale des officiers et des sous-officiers, consiste à veiller à ce que les hommes soient calmes quand ils tirent, et qu'ils n'aillent pas le faire à de trop grandes distances.

§ 38. Mouvements et conversions d'une ligne de tirailleurs.

Les mouvements de chacun des hommes de la ligne de tirailleurs doivent être exempts de toute contrainte; pourtant ils ne doivent jamais perdre leurs relations entre eux. Les mouvements doivent se faire d'un pas vif et dégagé dès que le signal est compris ou que l'appel de l'officier parvient.

Dans les mouvements hors de la portée des feux de l'ennemi, on n'aura à veiller d'une façon toute particulière, qu'à la conservation de l'ordre et des relations entre les combattants; mais une fois dans la portée des feux, on doit de plus veiller à ce que chaque homme utilise toutes les inégalités du sol pour se couvrir autant que possible de sa personne, de façon qu'il s'approche de l'ennemi, à couvert, une fois dans la zone efficace de ses feux.

Dans un mouvement simple, en avant ou en retraite, il est particulièrement important que la direction de la marche soit bien conservée par la portion de la ligne (le milieu d'une des ailes), à qui on l'a indiquée, et qui doit la donner. Si l'on veut gagner du terrain à la face en avant et par côté, on l'obtient par une marche oblique à droite ou à gauche.

La marche de flanc se fait, chaque homme exécutant un à droite ou un à gauche. Le changement de direction de la marche, pendant un mouvement de flanc, se fait par une conversion, en déployant, en faisant avancer en ligne, les files.

Dans toutes les conversions, la direction est à l'aile marchante, qui s'avance d'un pas décidé; la relation et l'espacement des files se prennent de l'aile qui reste fixe.

Dans de longues lignes de tirailleurs, s'il est convenable que les files se portent ensemble dans une nouvelle direction du côté du pivot, par suite du figuré du terrain, elles ne devront y arriver que successivement.

§ 39. Renforcer, allonger, réduire, relever une ligne de tirailleurs.

Une ligne de tirailleurs, attaquant, ne doit être renforcée que si elle se heurte à une résistance qui la force à s'arrêter. Les subdivisions désignées comme soutiens, sections, etc., doivent en principe être employées à allonger la ligne des tirailleurs. Cette ligne se porte en avant d'un pas décidé, et se poste, là où elle *trouve des obstacles* pour se couvrir.

Si la ligne des tirailleurs doit, par exception, *être renforcée* pendant qu'elle est en mouvement, les subdivisions désignées à cet effet s'avancent au pas de course. S'il entre dans les vues du commandant d'éviter de répéter à nouveau le signal : En tirailleurs, il doit en temps opportun désigner la force du détachement à faire déployer.

Une ligne de tirailleurs qui combat en se repliant, ne doit pas être immédiatement relevée. On la relève ou on la renforce, par une troupe de soutien, dont on forme en arrière ou à ses côtés une nouvelle ligne de tirailleurs.

Pour réduire une ligne de *tirailleurs*, on désigne les subdivisions qui doivent être ramenées. Celles qui sont désignées *partent d'un pas rapide, sans courir* pourtant, et se rassemblent en arrière de la *troupe de soutien.* Celles qui restent, changent rapidement leurs positions en s'espaçant autant qu'il *est nécessaire* pour boucher les vides faits dans la ligne par les tirailleurs qu'on rappelle.

Quand on doit relever une ligne de tirailleurs, la troupe qui va relever doit être disposée et avancée, avant que celle qu'on relève se replie sur la troupe de soutien.

L'unité du commandement demande que pour renforcer ou réduire la ligne des tirailleurs, les pelotons ou sections primitives ne soient que le moins possible séparés toutes les fois qu'il ne sera pas utile de les mêler.

§ 40. Conduite de la troupe de soutien ou de la compagnie.

Derrière toute ligne de tirailleurs, doit se trouver une troupe en ordre serré, assez voisine pour pouvoir la soutenir rapidement, mais pas assez pourtant pour être dans la zone d'efficacité des feux de l'ennemi. Dans les exercices, on la place à 150 pas en arrière. Cette troupe se compose de la portion non déployée du peloton destiné à fournir les tirailleurs; elle suit le mouvement de la ligne et s'y conforme le plus près que le permettent l'appui et le tir.

La compagnie formée en colonne de compagnie se tient aussi près que le peuvent des groupes en troupes de soutien un peu importants. Par suite si un de ses pelotons est tout entier déployé en tirailleurs, elle se porte en entier à la place de cette troupe.

Les circonstances rendant nécessaire de renforcer encore la ligne des tirailleurs, on emploie pour cela de préférence des sections, des demi-pelotons ou des pelotons entiers, en commençant par la queue de la colonne. Si de proche en proche on arrive à employer toute la compagnie à la ligne de tirailleurs, on devra pourtant conserver

au moins une section derrière le milieu ou l'une
des ailes de la ligne déployée.

§ 41. Rassemblement des tirailleurs.

Le rassemblement d'une compagnie entièrement
ou partiellement déployée en tirailleurs, se fait au
signal donné ou à un appel, et en principe à la
place où se trouve le capitaine, à peu près à celle
où se trouvait la colonne quand on l'a fait déployer. Le rassemblement s'exécute l'arme sur l'é-
paule ; les hommes, à mesure qu'ils prennent place
dans le rang, mettent l'arme au pied, manière
dont la portent les subdivisions en ordre serré.

Chaque tirailleur, et toutes les subdivisions déployées en tirailleurs, se rassemblent en quittant
la ligne, en arrière de la troupe de soutien, ou
à la queue de la colonne, suivant qu'on le leur a
d'avance indiqué.

Dans des circonstances inopinées, par exemple
en plaine devant une charge subite de cavalerie,
il pourra être impossible aux tirailleurs d'atteindre leur compagnie. S'ils n'ont pas à portée quelque
obstacle qu'ils puissent rapidement gagner, ils
se rallient à la plus proche troupe de soutien,
et forment avec elles un noyau (*Knauel*), en forme
de cercle plein faisant face de tous côtés, ou encore, *ils se rallient de la même façon autour de
leur chef*. Les hommes de devant croisent la

baïonnette; ceux qui de leur place peuvent tirer, apprêtent leur arme.

L'action du feu est remise au sang-froid et à l'intelligence du chef.

CHAPITRE IX

FORMATIONS RÉPONDANT A DES CAS PARTICULIERS.

§ 42. Formation serrée en masse.

Une compagnie opérant seule, à la guerre, peut se trouver dans le cas d'avoir à se protéger contre la cavalerie. Quand cette occasion se présente, elle se serre, puis forme le carré de compagnie par front de peloton, au commandement de : FORMEZ LE CARRÉ (*Formirt das carree*). Le second peloton serre sur celui de la tête à distance de rang ; les officiers, les sous-officiers et quelques hommes s'il est nécessaire, se portent sur les deux flancs ; le peloton de queue fait demi-tour. Si le nombre de files le permet, on peut aussi former le carré sur un front de demi-peloton, ce qui se fait au commandement de : FORMEZ LE CARRÉ. Le deuxième peloton serre sur celui de la tête, ceux qui suivent, sur le quatrième, à distance de rang. Le troisième

demi-peloton en partant de la tête converse à droite
et à gauche par front de section, de façon à laisser
à l'intérieur la place nécessaire pour les officiers
et les tambours et clairons. Les demi-pelotons de
la queue, serrés sur le quatrième font demi-tour.
Dans les deux carrés, au commandement de : AP-
PRÊTEZ, les hommes qui se trouvent devant et ceux
qui sont immédiatement derrière eux apprêtent
l'arme.

Si les deux pelotons, soit les quatre demi-pelotons de la compagnie ne sont pas tous au com-
plet, on peut contre une charge de cavalerie former
le cercle; on peut aussi employer cette formation si trois pelotons complets de la compagnie
sont réunis, ou quant à cause du trop faible nombre des files, on ne peut se former par demi-
peloton.

On charge les armes dans le carré de compagnie, ou dans le cercle, soit au signal donné,
soit au commandement des officiers.

Au commandement de CESSEZ (*Stopfen*) succède
le commandement de ARME AU REPOS. L'ARME SUR
L'ÉPAULE; là-dessus, les hommes qui avaient conversé font face comme avant l'exécution du mouvement.

Tous les mouvements dans cette formation doivent être exécutés, en ordre serré, et au pas cadencé.

Au commandement de : FORMEZ LA COLONNE (*For-*

mirt die Kolonne) on reprend la formation primitive de la colonne de compagnie par peloton ou par demi-peloton.

Souvent, au moment du danger, les subdivisions déployées de la compagnie se jettent vers la queue de la colonne. Il arrive alors qu'elles se forment bien moins suivant les prescriptions réglementaires, que suivant l'ordre où elles se présentent. L'on attend dans une ferme attitude, et de sang-froid, qu'il devienne possible de rassembler les hommes déployés, sur la troupe en ordre serré, et de mettre de l'ordre dans la formation de cette dernière.

§ 43. Observations générales.

Une compagnie chargée d'une opération où elle doit agir seule, doit en principe, quand elle veut employer la formation en tirailleurs, conserver en ordre serré un peloton, soit en avant pour empêcher l'approche de l'ennemi, soit en arrière comme réserve, soit sur ses flancs, suivant les circonstances.

Quand on a laissé paraître le but du combat, et qu'il est nécessaire de soutenir les subdivisions de la compagnie qui combattent en tirailleurs par d'autres en ordre serré, ces dernières se portent au pas de course ou au pas gymnastique, en avant de la ligne des tirailleurs pour faire des feux de salve ou exécuter une attaque à la baïonnette.

Dans le premier cas, cette troupe part, formée en colonne, dans l'ordre où elle se trouve, et pendant sa marche, se déploye en ligne, pour être, aussitôt qu'elle s'arrête, en ordre convenable pour combattre par ses feux.

Dès que l'avertissement du chef POUR CHARGER, a été prononcé, il commande HALTE OU FRONT et l'on apprête aussitôt les armes.

Quand on veut charger sur quatre rangs, on doit d'abord faire mettre à genoux le premier et le deuxième rang. L'on commande ensuite : SUR QUATRE RANGS CHARGEZ — APPRÊTEZ (*Mit vier Gliedern chargirt — fertig*) ou d'une manière relative : POUR CHARGER SUR QUATRE RANGS — HALTE OU FRONT (*Zum chargiren mit vier Gliedern — halt — front*). Tout le monde apprête les armes, puis on continue, EN JOUE. On peut pareillement faire des salves dans la position couchée. Si l'on veut exécuter les feux dans une direction oblique, on devra indiquer d'abord l'objet à viser, ainsi par exemple : SUR LA CAVALERIE CHARGEZ (*Auf die Kavallerie chargirt*). Les hommes du second rang se tournent plus ou moins à droite, dans leur créneau, selon qu'il leur est utile, et mettent en joue sur l'objet indiqué.

Les salves donnent de meilleurs résultats exécutées avec calme, que si l'on cherche à trop les précipiter.

Les subdivisions en ordre serré doivent encore s'en servir pour exécuter la charge.

Pour exécuter l'attaque à la baïonnette, on doit suivant les circonstances le faire en ligne ou en colonne, puis après que l'attaque a réussi, on procède aux salves.

La compagnie doit être rompue aux formations de mouvements simples nécessaires au combat; à prendre ses rangs dans toutes les circonstances, de jour comme de nuit; à manœuvrer par inversion, etc... Elle doit pouvoir sur ses deux flancs, à droite, à gauche, ou en même temps à droite et à gauche contre les subdivisions de tête, faire par le flanc, un demi-tour, aussi bien en tirailleurs qu'en rangs serrés, avec la plus grande rapidité et avec sûreté. Elle doit pouvoir prendre tout aussi vite une nouvelle formation de combat devenue utile par la nouvelle tournure du combat. Aussi, on ne doit pas lui donner une forme déterminée et surcharger la mémoire du soldat.

La compagnie doit être surtout instruite de telle façon qu'elle soit bien dans la main de son capitaine, toujours attentive et prête à son ordre; enfin, susceptible d'exécuter d'autres mouvements que ceux auxquels elle a été exercée.

TITRE III.

DU BATAILLON.

CHAPITRE X.

FORMATION, ALIGNEMENT, MANIEMENT D'ARMES, CHARGE ET MOUVEMENTS D'UN BATAILLON EN BATAILLE, AVEC LA FORMATION DES PELOTONS DE TIRAILLEURS.

§ 44. Formation.

Un bataillon se forme de quatre compagnies placées à côté l'une de l'autre dans l'ordre de leurs numéros, à partir de la droite. Le nombre de huit pelotons en lesquels on partage l'ensemble du bataillon court aussi de la droite à la gauche. Chaque peloton est désigné par son numéro, qu'il conserve dans toutes les circonstances.

Le drapeau prend place au premier rang entre le quatrième et le cinquième peloton (1). Le porte-

---

(1) Dans les bataillons qui n'ont point de drapeau, on fait tenir sa place par un sous-officier.

drapeau se tient entre deux sous-officiers, qui dans l'exécution de tous les mouvements lui restent attachés.

Il y a également trois sous-officiers au troisième rang derrière le drapeau et les deux sous-officiers qui l'accompagnent (1).

Les officiers prennent place dans le bataillon réuni, comme il a été établi (§ 17) à la formation de la compagnie. Il y a cette seule différence que seul, le deuxième second-lieutenant du peloton qui se trouve à la gauche, se tient à la gauche du premier rang et encadre le bataillon, tandis qu'il exécute la marche, pendant que le deuxième second-lieutenant des autres pelotons se trouve derrière le peloton de gauche de sa compagnie.

Les tambours et clairons se placent suivant l'ordre dans lequel est le bataillon. Dans toutes les formations sauf celles de revue, ils se placent à huit pas de la ligne des officiers, en arrière du centre, les musiciens à droite, les tambours et clairons à gauche du drapeau. Parmi ces derniers, les clairons occupent la droite, le tambour de bataillon est en avant du milieu du groupe.

Un tambour et un clairon se placent en avant du

---

(1) Les compagnies donnent pour accompagner le drapeau, ceux de leurs sous-officiers qui sont le mieux rompus aux principes de la marche.

bataillon, près du commandant, pour donner de suite les signaux qui peuvent être nécessaires. L'adjudant de bataillon se tient derrière le drapeau, à la droite des tambours et clairons.

§ 45. Alignement.

Quand les compagnies d'un bataillon sont placées l'une près de l'autre et que l'on doit les aligner correctement, cela se fait par le moyen suivant.

Le commandant du bataillon commande : Points sortez (*Points vor*). A ce commandement, le porte-drapeau s'avance autant que le commandant le lui indique. L'officier de l'aile droite et celui de l'aile gauche du bataillon s'avancent aussi de leur côté, en se conformant au drapeau. Le commandant du bataillon aligne le drapeau et l'un des officiers, (celui qui se trouve en deçà ou celui qui se trouve au delà, c'est-à-dire celui de l'aile droite ou celui de l'aile gauche, suivant la place que doit occuper le bataillon dans la ligne) sur la direction qu'il a choisie ; l'autre de ces deux officiers s'aligne ensuite lui-même :

Si le bataillon ne fait pas partie d'une ligne de bataillons, son commandant pourra se rendre rapidement avec son cheval, à l'aile opposée, pour vérifier l'alignement de l'officier d'aile.

La direction de l'alignement étant bien déterminée, le commandant du bataillon commande En

AVANT (*Vorwärts*) les officiers chefs de peloton s'y portent.

Le drapeau et les officiers d'aile sont les points fixes qui servent aux autres à s'établir correctement sur la direction d'alignement. Les officiers qui sont placés avant le drapeau, tournent donc pour s'aligner les yeux à gauche, puis les replacent ensuite directs lorsqu'ils sont correctement alignés.

Au commandement d'ALIGNEZ-VOUS, le bataillon se porte sur la ligne tracée, et s'aligne, chaque homme se conformant aux prescriptions des §§ 18 et 19. Le tact des coudes se prend du côté du drapeau.

Le commandant reste près du drapeau, et c'est de là qu'il aligne son bataillon.

Si les officiers sont bien pénétrés des principes d'alignement, les hommes dans le rang s'alignent d'eux-mêmes, et quand bien même un homme serait un peu trop en avant ou en arrière, dans une subdivision, l'alignement n'en sera pas moins bon dans son ensemble.

L'officier doit avoir grand soin, de se placer lui-même correctement sur la ligne avant de s'occuper de sa troupe, et le commandant ne doit pas s'occuper de corrections isolées, insignifiantes ou inutiles, mais porter seulement son attention sur l'ensemble, pour pouvoir corriger aussi vite que possible les fautes qui viendraient à se produire en ce sens.

§ 46. Maniement d'armes.

Le maniement d'armes s'exécute par le bataillon comme nous avons vu pour la compagnie, § 20.

§ 47. Charge.

Les prescriptions faites, §§ 21 et 23 pour la compagnie au sujet des feux de salve et des feux rapides, s'appliquent entièrement au bataillon.

Au commandement de : BATAILLON DOIT CHARGER — CHARGEZ, ou suivant les circonstances : PAR BATAILLON — CHARGEZ, le commandant du bataillon, avec le tambour et le clairon qui l'accompagnent, traverse rapidement, par l'ouverture formée au centre du bataillon, par la place du drapeau et des deux sous-officiers qui l'accompagnent. Il se place en arrière du front, et y reste tant que durent les feux.

Pour ne pas retarder le feu du bataillon, le commandant commande : APPRÊTEZ OU POUR CHARGER — HALTE OU FRONT, pendant le temps qu'il se porte en arrière de son bataillon, mais il ne fait pas le commandement de l'arme sur l'épaule, avant d'être revenu en avant de son bataillon.

Pour les prescriptions relatives aux feux de salve, par rang ou au feu de carré, on doit se reporter aux prescriptions du § 90.

§ 48. Conversion sur place.

Le § 25 renferme tout ce qui a rapport à ce sujet.

§ 49. Marche en bataille.

Quand le bataillon a été suffisamment exercé à s'aligner, et qu'il y a acquis une certaine assurance, on emploie les moyens suivants pour obtenir de conserver facilement un front étendu de marche sans poussées dans un sens ou dans l'autre.

Le but de la marche de front, est comme nous avons vu § 27, de s'avancer perpendiculairement, c'est-à-dire en conservant sa ligne de front, de lui faire gagner du terrain en avant. Avec un front de quelque étendue, il est par conséquent nécessaire que l'on prenne l'alignement du côté du drapeau, qui marche sur une perpendiculaire au front primitif. L'objet principal sera donc de bien déterminer et de conserver cette perpendiculaire qui donne la direction de la marche. Mais pour que plusieurs bataillons marchant en ligne les uns à côté des autres suivant des directions parallèles, se maintiennent à même hauteur, il faut encore avoir attention à l'alignement des ailes.

On devra à cet effet dans la marche de front, s'aider de divers moyens pour conserver la direction de ces deux alignements. Le point de direction de la marche est celui sur lequel on se dirige. Les ailes se dirigent en se réglant sur le drapeau, qui est au centre du bataillon. Ce dernier est établi par l'adjudant du bataillon sur la perpendiculaire qui va du milieu du bataillon, au point de direction, et il s'y maintient exactement pendant la marche, en prenant des points intermédiaires.

Les principes prescrits § 45 pour l'alignement, s'appliquent aussi à un bataillon marchant de front; il s'ensuit que la direction et le tact des coudes se prennent du côté du drapeau.

Si l'on exagérait l'emploi de ce principe, il en pourrait résulter une poussée vers le drapeau, puis une poussée en sens opposé, ce qui occasionnerait du flottement. On doit l'éviter, ce qu'on obtient en exigeant que les hommes se conforment exactement à ce qui a été prescrit § 27.

Pour mettre le bataillon en marche, on commande : BATAILLON EN AVANT (*Bataillon vorwärts*). Le drapeau et les deux sous-officiers qui l'accompagnent, se portent au pas cadencé, à huit pas en avant, sur la ligne de direction, et sont amenés sur la direction, quand il est nécessaire, par le chef de bataillon. Les trois sous-officiers du drapeau qui se tenaient derrière lui au troisième rang, se portent en même temps au premier. Au commandement de : MARCHE, le bataillon part.

Dans les compagnies qui sont avant le drapeau, on tourne les yeux à gauche. Les tambours battent le pas de charge dans la cadence ordinaire de la marche, et les musiciens jouent. Les tambours et clairons alternent pendant le cours de la marche. Toutefois, il est établi que cette batterie de tambour ne devra s'employer que dans les mouvements d'attaque, et jamais dans ceux de retraite ou dans tous les autres mouvements.

L'adjudant du bataillon à cheval, se maintient pendant la marche en arrière du milieu du bataillon sur la ligne de direction. Il doit fixer constamment le point de direction, et le sous-officier du drapeau, afin de pouvoir le remettre aussitôt dans la direction, s'il venait à s'en écarter. Le commandant du bataillon lui facilite cette tâche, en allant se mettre de temps à autre, sur la direction comme point intermédiaire, et en s'y maintenant quelque temps.

Les officiers chefs de pelotons en ayant soin de rester alignés entre eux, aident de la façon la plus efficace à l'alignement d'ensemble du bataillon. Il leur est permis à cet effet de tourner la tête de chaque côté, et d'appeler doucement leurs hommes, pour que l'alignement ne se perde pas dans l'intérieur de leur peloton. Les officiers en serre-file, doivent pendant l'exécution du mouvement, porter leur attention sur le peloton. Par leur concours, se produisant à propos, les fautes qui arriveraient peuvent être prévenues. Les sous-officiers qui marchent en avant du drapeau devant donner le pas au bataillon, observent en s'avançant sur la direction, la

cadence et la longueur du pas. Les trois sous-officiers du drapeau au premier rang, le suivent exactement en se maintenant alignés entre eux, et à la
distance prescrite de 8 pas.

Au commandement de : BATAILLON — HALTE, tout
le monde reste immobile ; le drapeau qui marchait
en avant, rentre, les compagnies qui avaient les
yeux tournés à gauche, les replacent directs. On ne
doit pas se porter en avant pour rectifier l'alignement. Si le bataillon a besoin d'être aligné, cela se
fait comme il a été prescrit § 45.

§ 50. Marche en bataille en retraite.

Quand le bataillon doit marcher en bataille en
retraite, son chef commande : BATAILLON ENTIER —
DEMI-TOUR (*Ganzes Bataillon — Kehrt*). Après que le
demi-tour a été exécuté, les trois sous-officiers
placés derrière le drapeau, s'avancent de huit pas,
sur la ligne de direction ; les autres prennent leur
place au troisième rang. Tous, officiers, sous-officiers, tambours et clairons, conservent leur place.
Au commandement de : BATAILLON — MARCHE, tous
tournent les yeux du côté des sous-officiers du drapeau. L'adjudant se place comme point intermédiaire sur la ligne de direction.

La marche en retraite s'exécute du reste complétement d'après les mêmes principes que la marche en avant.

Si pendant la marche en retraite on doit reprendre son front primitif, le chef de bataillon commande : BATAILLON ENTIER — FRONT. Le tambour qui
est près de lui bat un court roulement, et le bataillon revient face en tête.

Le bataillon ayant fait front, s'il doit reprendre
la marche en avant, cela se fait au commandement
de : BATAILLON EN AVANT ; les sous-officiers du drapeau sortent alors de nouveau. Si le bataillon a
besoin d'être aligné, on commandera : POINTS
SORTEZ, *etc.*

§ 51. Marche oblique.

On appelle encore ce mouvement du bataillon,
appuyer (ziehen). Les officiers chefs de peloton, à
l'avertissement : OBLIQUE A DROITE (A GAUCHE)
(*Halb rechts (links)*) s'avancent d'un pas en avant de
l'homme de droite de leur peloton, l'officier de l'aile
gauche se place également à un pas en avant de
l'homme de gauche du huitième peloton. Au commandement de : MARCHE, ils traversent chacun suivant qu'il a été prescrit, et conservent cette direction tant que dure la marche.

La bonne exécution du mouvement, dépend surtout de la façon dont l'homme de l'aile droite ou
gauche aura exécuté sa conversion, ainsi que de la
façon dont il prendra la direction ou s'y main-
tiendra (§ 28). Les officiers qu'on a fait sortir voient

une grande portion du front ; ils devront, quand il sera nécessaire, empêcher les hommes de dévier de la direction de la marche. L'adjudant se porte à l'aile vers laquelle on appuie, et donne aux chefs de peloton de ce côté, principalement à celui du deuxième peloton, l'aide dont ils peuvent avoir besoin.

Au commandement de : DROIT — EN AVANT (*Gerade — aus*) les officiers rentrent et tournent de nouveau les yeux du côté du drapeau. On fait sortir ce dernier à huit pas sur un alignement parallèle à celui du front, et il devra comme précédemment donner la direction de la marche.

§ 52. Rompre en arrière étant en bataille.

S'il devient nécessaire par suite des obstacles que présente le terrain, de faire rompre un peloton en arrière du front, ou si le commandant en donne l'ordre à l'exercice, le chef de peloton commande : N^e PELOTON HALTE, et lorsqu'il a été dépassé par la ligne des sous-officiers du bataillon, il ajoute : OBLIQUE A DROITE (A GAUCHE) — MARCHE, MARCHE. Le quatrième peloton se place derrière le troisième, le cinquième derrière le sixième ; mais les autres se placent derrière le peloton le plus voisin du côté du drapeau.

On se porte en ligne obliquement à droite (à gauche), au pas gymnastique. L'officier chef de peloton commande ce mouvement dès que le terrain ou l'ordre qu'il a reçu le rendent convenable. Dès qu'il se trouve en arrière du vide que son peloton doit occuper, il commande : Droit — en avant, et si le le peloton se trouve avant le drapeau : Yeux a gauche. Après que le peloton a pris place en arrière, il prend rapidement le pas du bataillon.

On fait rompre et porter en ligne un peloton par les mêmes moyens, qu'on marche en avant ou en retraite.

Les pelotons qui peuvent se trouver rompus en arrière quand le bataillon s'arrête, sont remis en ligne sur un ordre, et par un mouvement de flanc, à droite ou à gauche, dans la cadence ordinaire du pas, ou au pas gymnastique.

§ 53. Changements de front.

Les changements se font de toute sorte (mais en conservant lorsqu'on fait face en arrière l'ordre des pelotons), s'exécutent en portant en ligne les diverses subdivisions, et les replaçant sur la nouvelle direction choisie pour le front de la ligne, quand on ne veut pas exécuter le mouvement au moyen de la colonne serrée par pelotons, ou de la colonne sur le centre.

§ 54. Attaque à la baïonnette (1).

L'attaque à la baïonnette s'exécute de la façon suivante, par un bataillon marchant en bataille.

Au commandement de : POUR L'ATTAQUE L'ARME — A DROITE (*Zur Attacke Gewehr — rechts*), le bataillon saisit l'arme, et la porte dans le bras droit. Il marche à la cadence accélérée qui est indiquée par la batterie du tambour, sans que le fifre l'accompagne. Les sous-officiers du drapeau ralentissent jusqu'à ce que le bataillon soit arrivé près d'eux, et y prennent leur place. Le commandant du bataillon se tient en arrière du front. Arrivé à proximité de l'ennemi, à environ douze pas, on commande: CROISEZ LA BAÏONNETTE — MARCHE, MARCHE (*Fällt das Gewehr — Marsch ! Marsch*). Les deux rangs de devant croisent la baïonnette, et les hommes poussant un cri éclatant de hurrah se précipitent sur l'ennemi. Le cri de hurrah et la charge se poursuivent jusqu'au commandement de : HALTE.

Le mouvement de croisez la baïonnette a été décrit, § 8. La marche, la baïonnette croisée, doit être exécutée d'une façon décidée, le haut du corps fortement penché en avant. Les hommes sont serrés bras contre bras, les baïonnettes des hommes du

____

(1) Les bataillons armés du fusil de fusilier mettent le sabre-baïonnette au bout du canon (§ 10).

deuxième rang passant par les créneaux du premier.

Au commandement de : Bataillon — halte, les tambours battent un court roulement et le deuxième rang se retourne.

Les deux premiers rangs ensemble et sans autre commandement apprêtent les armes, et attendent l'ordre ou le signal pour commencer le feu rapide. Si le feu doit être cessé, cela se fait par les moyens que nous avons vu employer, § 21 et 23.

Par exception à la règle, un bataillon formé en bataille, qui vient de faire un feu de salve pour jeter le désordre chez l'ennemi, peut utiliser rapidement ce moment, pour de sa place, sans perdre de temps à recharger, pousser de suite une attaque à la baïonnette.

Dans ce cas, le commandant du bataillon devra aussitôt après avoir commandé : Feu, ajouter rapidement : Bataillon — marche. Là-dessus, les tambours battent le pas de charge à la cadence accélérée, le bataillon part, et sans autre commandement, porte l'arme dans le bras droit pour l'attaque. Puis on croise aussitôt la baïonnette au commandement du commandant : ensuite, au commandement ultérieur de : Bataillon — halte, les tambours battent un court roulement. Les deux rangs de devant apprêtent leurs armes comme il a été prescrit plus haut, puis le commandant fait re-

charger par les commandements prescrits § 24, pour
la charge.

§ 55. Former les pelotons de tirailleurs
avec le troisième rang.

Un bataillon en bataille forme ses pelotons de
tirailleurs, soit au commandement de son chef, soit
au signal de : EN TIRAILLEURS.

a. Au commandement.

Au commandement du chef de bataillon : FORMEZ
LES PELOTONS AVEC LE TROISIÈME RANG (*Züge aus dem
dritten Gliede formirt*), le troisième rang de chaque
compagnie forme un peloton sur deux rangs, par
le moyen suivant. Dans les compagnies qui sont en
avant du drapeau, le troisième rang du peloton pair,
faisant à droite, se place derrière celui du peloton
impair, qui se place à ce moment à un pas en arrière;
tandis que dans les compagnies au delà du drapeau,
le troisième rang des pelotons impairs faisant à
gauche, se place en avant du troisième rang des pelotons pairs, qui de son côté recule aussi de six pas.

Chaque peloton de tirailleurs est commandé par
un officier et au moins trois sous-officiers. On lui
adjoint également un clairon. Autant qu'il est possible, on répartit les sous-officiers de façon qu'il y
en ait au moins un par section.

Le mouvement de former les pelotons de tirailleurs, se fait sans prendre le pas cadencé, et si le bataillon est l'arme au pied, sans la porter. Pour les mouvements suivants, on se conforme aux prescriptions du § 35, relatives à la colonne de compagnie.

Quand on doit former avec les pelotons de tirailleurs une ligne de tirailleurs, on fait avancer le premier et le quatrième peloton, ce qui s'exécute par les moyens prescrits § 56.

b. Au signal d'en tirailleurs.

Quand on n'a pas donné d'avance de commandement pour former les pelotons du troisième rang, dès que le signal d'EN TIRAILLEURS est donné les quatre pelotons de tirailleurs se forment de la façon que nous venons de voir, puis le premier et le quatrième peloton faisant à droite et à gauche, se placent en avant des ailes du bataillon.

§ 56. Emploi de la ligne des tirailleurs.

Les pelotons du troisième rang étant formés au commandement, le premier et le quatrième peloton de tirailleurs s'avancent, au signal d'EN TIRAILLEURS, comme il a été déjà indiqué, en avant des ailes du bataillon, en faisant, l'un à droite, l'autre à gauche. La section de droite du premier et la section de gauche du quatrième peloton de tirailleurs se déployent pour former la ligne des tirailleurs, tandis que les autres sections s'avancent en bataille pour former la troupe de soutien de la ligne des tirailleurs.

Si l'on ne doit employer de cette façon que la moitié des pelotons de tirailleurs, on doit en avertir, et alors, au signal d'EN TIRAILLEURS, un demi-peloton seulement du premier et un demi-peloton seulement du quatrième, sortent comme nous avons vu. De chacun de ces demi-pelotons, une section seule se déploie, le restant demeure en bataille, et suit comme troupe de soutien.

Enfin si, comme nous avons vu § 55, on n'a pas donné de commandement antérieur et qu'on ait formé les pelotons du troisième rang au signal d'EN TIRAILLEURS, quand on le donne, les premier et quatrième pelotons de tirailleurs se forment tout à fait comme nous avons vu prescrire.

Les sections déployées pour former la ligne des tirailleurs, s'étendent autant qu'il est nécessaire pour occuper la position qu'on leur a assignée, ou jusqu'au signal de : HALTE. La troupe de soutien les suit jusqu'à ce qu'elle soit à cent pas en avant des ailes du bataillon.

Il est de principe que la troupe de soutien doit mettre l'arme au pied dès qu'elle s'arrête. Au signal de : HALTE, elle devra donc le faire, sans rien attendre.

Les sections déployées les premières, conservent leurs ailes extérieures à hauteur de l'homme d'aile du premier rang du bataillon, et ne s'espacent pas de façon que chaque file ait plus de six pas à couvrir.

S'il devient nécessaire de renforcer la ligne des tirailleurs, à moins d'ordres contraires, on devra toujours employer pour cet objet les sections de troupes de soutien. Ces sections s'avancent de façon à allonger l'aile intérieure de la ligne des tirailleurs qui se met en relation avec leur aile extérieure.

Si le premier et le quatrième peloton de tirailleurs sont complétement déployés, on renforcera la ligne en faisant avancer les compagnies des ailes, qui, en se portant en avant, se forment en colonne de compagnie.

En terrain plat, les tirailleurs déployés doivent avoir pour principale attention de se conformer à l'ensemble des mouvements du bataillon, et sur le terrain d'exercice, à moins que des circonstances extérieures le rendant utile n'en aient fait ordonner autrement, ce n'est que sur le signal du commandant du bataillon qu'ils devront s'arrêter, faire feu ou manœuvrer. La ligne s'avance en même temps que le bataillon, et s'arrête ou marche en retraite quand le bataillon exécute ses mouvements. La troupe de soutien s'arrête en même temps ou fait demi-tour, et dès qu'elle s'est approchée à vingt pas du bataillon, par un mouvement de flanc à droite ou à gauche, va se placer en avant de ses ailes déployées, à la place prescrite § 55, *a*. Une ligne de tirailleurs arrêtée, au signal de l'APPEL qui se fait quand le bataillon approche, débarrasse le front, se replie au pas de course vers les ailes, se place en arrière d'elles comme nous avons vu à la formation des pelotons de tirailleurs, et suit le bataillon. Une ligne de tirailleurs battant en retraite pendant que le bataillon s'avance, tend déjà à se rassembler vers les ailes avant le signal de l'APPEL.

Veut-on donner sur un point, au feu de la ligne des tirailleurs, toute la puissance dont il est susceptible, on doit, le bataillon s'avançant, laisser en ligne les tirailleurs jusqu'à la fin, et les faire coucher s'ils ne l'ont déjà fait. Dès que le bataillon a dépassé les tirailleurs, ils se rassemblent au pas cadencé, et se reforment en peloton qui prennent leur place derrière le bataillon.

Les tirailleurs déployés pour agir par leurs feux, peuvent être subitement assaillis par une charge de cavalerie qui ne leur laisse pas le temps de gagner le bataillon. Ils devront alors chercher à gagner la troupe de soutien pour former avec elle un noyau (*Knäuel*).

Quand les pelotons de tirailleurs ne doivent pas être reformés, le chef de bataillon commande : FOR-MEZ LE TROISIÈME RANG (*Das dritte Glied formirt*), et par le chemin le plus court, ils forment le troisième rang. Ce commandement pour rentrer est chaque fois nécessaire. Les pelotons de tirailleurs peuvent être formés au commandement ou au signal d'EN TIRAILLEURS, même lorsqu'on forme la colonne de compagnie. Il est établi que la troupe de soutien doit d'abord s'avancer au pas, aussi on lui fait d'avance le commandement de : PAS NON CADENCÉ (*Ohne Tritt*).

CHAPITRE XI.

SE FORMER EN COLONNE ÉTANT EN BATAILLE.

§ 57. Différentes manières de se former.

On peut former la colonne :

a. En faisant par le flanc.

b. En rompant le front au moyen d'une conversion par chaque subdivision (peloton, demi-peloton, ou section).

c. En rompant le front et ployant les subdivisions (pelotons) en avant ou en arrière de l'une d'elles.

Les circonstances déterminent dans chaque cas le moyen qu'on devra employer pour former la colonne.

§ 58. Former la colonne en faisant par le flanc (colonne par le flanc).

On ne doit employer ce moyen que si l'on n'a que

peu de terrain à gagner sur le côté (§ 29), ou quand la nature du sol oppose des difficultés à la marche par subdivision, parce que l'espace dont l'homme a besoin pour fournir une longue marche par le flanc, est considérablement plus grand que celui qu'il occupe étant en rangs, et que, par conséquent, tout détachement qui parcourt des distances un peu grandes, par le flanc, s'allonge d'une façon nuisible à la conservation de l'ordre pendant la marche, et aussi, au prompt rétablissement de la ligne, quand on fait front.

§ 59. **Par une conversion des pelotons, demi-pelotons ou sections (colonne à distance entière).**

Le bataillon converse à droite ou à gauche d'après les prescriptions données au § 32, par chaque front de subdivision (peloton, demi-peloton, section) que le chef de bataillon indique chaque fois. Les subdivisions qui forment la colonne ont entre elles, à savoir, du premier rang de celle de devant, au premier rang de celle qui la suit, une distance égale à celle qu'elles occupent lorsqu'elles font front; elles peuvent donc se reformer en ligne par une conversion à gauche ou à droite.

C'est ce qui fait dire que cette colonne est à distance entière (*geöffnete*).

§ 60. En ployant les pelotons en avant ou en arrière de l'un d'eux (colonne serrée).

a. Ployer les pelotons en arrière les uns des autres.

Le premier ou le huitième peloton forme la tête de la colonne et les autres pelotons faisant à droite ou à gauche, se placent derrière. Dans cette colonne, l'intervalle entre deux pelotons est une double distance de rang, qui se compte du rang des sous-officiers serre-files du peloton de devant, qui en même temps que les officiers placés en serre-file, serrent à distance de rang du troisième rang.

La formation de cette colonne serrée se fait de la manière suivante :

Le chef de bataillon commande lorsqu'il veut former la colonne en arrière du premier peloton : A DROITE (*Rechts*) EN COLONNE (*in Kolonne*). Aussitôt après cet avertissement A DROITE (A GAUCHE) — PAR LE FLANC (*Rechts (links) — um*) et après l'exécution et la conversion, MARCHE. Le peloton en arrière duquel doit se former la colonne, reste immobile. Les autres se mettent en marche dès que leur tête est dégagée ; les hommes serrent sur elle, autant qu'il leur est possible. Il n'est pas utile pour marcher au pas, que les pelotons s'inquiètent des mouvements antérieurs de ceux qui les précèdent ; il suffit que chaque peloton marche au pas ; on obtiendra par là que les hommes ne se marchent pas sur les pieds les uns des autres et ne trébuchent pas.

Le drapeau et les sous-officiers du drapeau se portent derrière l'aile droite du cinquième peloton, et s'y placent sur un rang, sur l'alignement des sous-officiers en serre-file.

Les chefs de peloton commandent HALTE quand on ploie sur la droite, dès que leur homme de droite, est arrivé à hauteur de l'homme de droite du peloton placé en avant d'eux, et quand les hommes ont pris la distance suffisante (ce qui doit se faire rapidement), FRONT. Ils se portent près de leur homme de droite, et se placent correctement à leur chef de file.

Quand on ploie à gauche, chaque chef de peloton reste à hauteur de la droite du peloton déjà établi, et commande : HALTE quand il voit que son homme de gauche est arrivé à hauteur de l'homme de gauche du peloton qui le précède, ou en d'autres termes, quand son homme de droite est à sa hauteur. Le reste se commande comme il a été dit précédemment.

Les sous-officiers de l'aile droite se placent derrière la première file du peloton, sur le rang des serre-files ; par contre, les sous-officiers de l'aile gauche se tiennent à la gauche de leur peloton comme il a déjà été prescrit pendant la marche, dès qu'ils y peuvent prendre place. Les tambours et les clairons se tiennent à la queue de la colonne, à huit pas en arrière des serre-files officiers. L'adjudant se tient à droite, à hauteur du cinquième peloton.

Si les chefs de peloton et les files d'ailes placées à côté d'eux se placent bien perpendiculairement sur l'alignement primitif, il devient très-facile d'établir le bataillon, et l'on obtient que toutes les files de tous les pelotons couvrent correctement l'une derrière l'autre, sans perdre de temps.

b. *En ployant les pelotons en avant.*

Bien que les moyens précédemment indiqués permettent de ployer le bataillon en colonne dans toutes les directions, cependant on peut sans augmenter le nombre des formations tactiques, employer, quand on y est contraint par le temps ou la place dont on dispose, une formation en colonne dans laquelle les pelotons sont ployés en avant les uns des autres.

Le peloton qui doit former la queue de la colonne, c'est-à-dire, le premier ou le huitième, reste immobile; les autres pelotons faisant à droite ou à gauche, viennent se placer devant. On commande :

Pour ployer la gauche en tête, a droite en colonne.

A droite — par le flanc — marche.

dans le cas où c'est le premier peloton qui reste immobile, et :

POUR PLOYER LA DROITE EN TÊTE, A GAUCHE EN COLONNE.

A GAUCHE — PAR LE FLANC — MARCHE.

(*Zum Rechtsabmarsch links in Kolonne! Links — um — Marsch*).

si c'est le huitième peloton qui doit rester immobile.

Les chefs de peloton commandent comme il a été prescrit § 60, vont se placer en avant du peloton resté immobile, s'alignent eux-mêmes et alignent leur file d'aile sur lui, puis après que leur peloton a fait front, se placent près de leur homme de droite.

La colonne peut aussi être formée sur un autre peloton que ceux d'ailes ; on commande alors :

LE Nᵉ PELOTON RESTE IMMOBILE ; POUR PLOYER LA DROITE (LA GAUCHE) EN TÊTE EN COLONNE.

A DROITE ET A GAUCHE — PAR LE FLANC — MARCHE.

(*Der Nᵗᵉ Zug bleibt stehen, zum Rechts (Links) Abmarsch in Kolonne! — Rechts und links — um — Marsch.*)

Les autres pelotons se mettent en mouvement, et après avoir fait par le flanc, à droite ou à gauche selon qu'il leur est commandé, se portent en avant ou en arrière du peloton désigné.

61. Colonne d'attaque (colonne sur le centre).

La colonne d'attaque est la formation fondamentale de combat de l'infanterie ; elle est également propre comme ordre de combat, pour l'attaque et pour la retraite, quand elle est inquiétée par une cavalerie supérieure ; on l'emploie encore dans les manœuvres, etc... Elle réunit l'indépendance, la force et la mobilité ; c'est ce qui la fait prendre pour base. Quand un bataillon se préparant au combat prend cette forme, et que les pelotons de tirailleurs sont formés, ils prennent la queue de la colonne.

Dans la formation en colonne d'attaque, le quatrième et le cinquième peloton forment la tête ; les pelotons à droite prennent leur place en faisant à gauche, ceux de gauche en faisant à droite, tous se portant ensuite en arrière. Le commandement pour cela est :

Sur le centre en colonne — A gauche a droite — par le flanc — Marche.

(Nach der Mitte in Kolonne — Links und rechts — um — Marsch.

Les officiers chefs de peloton des trois premiers pelotons de droite, se comportent tout à fait comme pour la formation de la colonne serrée par peloton, en arrière du peloton de l'aile gauche (§ 60. *a*). Au contraire, les officiers chefs des sixième, septième et huitième pelotons, se comportent comme dans le cas de la formation d'une colonne serrée par pelotons en arrière de l'aile droite ; par conséquent, arrivés à hauteur de l'homme de gauche du peloton qui précède, ils s'arrêtent, font converser leurs pelotons autour d'eux puis marcher. Dès qu'il a fait front, ils se portent à gauche, puis se trouvent placés, que l'on vienne à déployer la colonne, ou que l'on veuille former le carré.

Les pelotons sont serrés; il ne reste donc comme dans la colonne serrée, entre le deuxième et le troisième, entre le sixième et le septième peloton, que deux pas d'intervalle que l'on compte du rang des sous-officiers serre-files du peloton de devant.

Les tambours et clairons se placent sur un rang dans cet intervalle, entre le deuxième et le troisième, le sixième et le septième peloton. Le drapeau reste à sa place, de même que les officiers et les sous-officiers en serre-file, à l'exception du plus ancien des officiers serre-files du cinquième peloton, qui se porte à la gauche de son peloton. L'adjudant se tient en arrière de la colonne.

Quand un bataillon en bataille doit former plus. rapidement la colonne d'attaque, cela se fait par le commandement de : SUR LE CENTRE EN COLONNE — MARCHE! MARCHE. (*Nach der Mitte in Kolonne — Marsch ! Marsch !*) Aussitôt, et sans autre commandement des officiers chefs de peloton, les pelotons qui doivent rompre, le font au pas de course, prennent leur place dans la colonne, s'arrêtent d'eux-mêmes et reviennent face en tête. On en agit de même, lorsqu'au lieu du commandement on donne le signal de : FORMEZ LA COLONNE (1) (*Kolonne formirt*).

Un bataillon déployé et marchant en bataille en avant, peut se former en colonne d'attaque par les mêmes moyens que s'il était de pied ferme. Dans ce cas, le mouvement se fait toujours au pas de course, et sans autre commandement des chefs de peloton. Les pelotons qui doivent rompre, dès qu'ils ont pris leur place, font d'eux-mêmes leur à droite ou leur à gauche, et prennent le pas de la tête.

Le bataillon déployé en bataille, marchant en retraite, la colonne d'attaque se fera presque de la même façon; la seule différence, c'est que les pelotons qui doivent rompre se placent en avant du quatrième et du cinquième peloton.

Si les pelotons de tirailleurs sont déjà formés près du bataillon qui doit former la colonne d'atta-(§ 55), ils suivent le mouvement des pelotons qui rompent, et forment le deuxième et le troisième peloton de tirailleurs, le troisième échelon, le premier et le quatrième peloton de tirailleurs, le dernier échelon de la colonne, qui comprendra alors douze pelotons, ou six, lorsqu'elle est serrée et qu'on n'a pas gardé libre la place primitive du troisième rang. On laisse pourtant deux rangs de distance entre le troisième et le quatrième échelon, distance

---

(1) Si le bataillon est armé du fusil de fusilier, à ce signal, chaque homme aussitôt qu'il est arrivé à sa place dans la colonne, met le sabre baïonnette au canon.

qu'on compte du rang des serres-files de l'échelon
de devant. C'est dans cet intervalle, que se placent
les tambours et les clairons.

Pour la colonne d'attaque, comme pour toutes les
colonnes, on doit toujours employer d'avance comme
avertissement le commandement de : BATAILLON et
non celui de colonne, ou tout autre semblable.

§ 62. Colonne de compagnie.

La colonne de compagnie se forme, le bataillon
étant en bataille, au commandement du chef de bataillon de : FORMEZ LES COLONNES DE COMPAGNIE (*Kom-
pagnie-Kolonnen formirt*), ce qui s'exécute par les
moyens prescrits § 35.

Les compagnies en avant du drapeau se ploient
sur leur gauche, celles après, sur leur droite, les
deux compagnies du centre restent serrées l'une
contre l'autre.

Le drapeau, les sous-officiers du drapeau et le
tambour du bataillon, se portent près de la troisième
compagnie du bataillon, et forment une section en
arrière d'elle. Les tambours et clairons rejoignent
leur compagnie.

Tant que les deux compagnies du centre restent
réunies, elles sont sous le commandement de leur
chef de compagnie le plus ancien, à moins qu'il n'y
ait un second officier d'état-major dans le bataillon,
qui dans ce cas en prendrait le commandement.

Le bataillon étant déployé en bataille, si les pelotons de tirailleurs sont déjà formés, au commandement de : FORMEZ LES COLONNES EN COMPAGNIE (*Kompagnie Kolonnen formirt*), ils suivent les mouvements des pelotons qui sont devant eux.

Si cette formation doit se faire par demi-compagnie, elle s'exécute par le commandement prescrit § 35, et par le dernier moyen qu'on y prescrit.

CHAPITRE XII.

MOUVEMENTS DE LA COLONNE.

§ 63. **Par le flanc.**

On doit se conformer à tous les principes donnés § 29 pour une colonne formée par une demi-conversion (un à droite ou un à gauche), on devra aussi observer ce qui a été prescrit § 58, au sujet de la marche par le flanc.

Dans ce cas, comme dans toutes évolutions qu'un bataillon exécute par section ou par demi-peloton, un sous-officier des serres-files, de la compagnie qui se trouve en tête, est à distance de peloton en avant d'elle et du côté du front, pour donner le pas au bataillon, pendant la marche.

Le commandant se trouve du côté du front du bataillon, l'adjudant du côté opposé, à moins qu'il ne soit employé à tracer une ligne de direction ; les tambours et clairons font la demi-conversion correspondante.

§ 64. Par subdivision après une conversion.

Une colonne formée par une conversion (§§ 32 à 59), de ses diverses subdivisions, doit observer pendant la marche les règles suivantes :

L'éloignement auquel les diverses subdivisions doivent se trouver, les unes des autres, est déterminé par leur place au moment où elles viennent de converser. Cette distance est conservée par les officiers ou sous-officiers marchant aux ailes des subdivisions, ou à leur défaut par l'homme de l'aile. Toutes les fractions de la colonne doivent conserver une vitesse uniforme.

Le sous-officier de l'aile (l'officier chef de peloton) de la première subdivision donne la direction de marche à la colonne, aussi, il devra avoir attention à se diriger exactement sur le point de direction. Tous les sous-officiers d'aile (chefs de peloton) doivent se couvrir l'un l'autre.

La direction et le tact des coudes sont en principe à droite; dans les cas où ils doivent être à gauche, on commande d'abord : YEUX A GAUCHE.

§ 65. Par section.

Dans une colonne formée par une conversion à droite, de toutes les sections, les officiers chefs de peloton marchent auprès de l'homme de l'aile droite (1) de leur première section ; le sous-officier d'aile de la droite marche en arrière de la file de l'aile droite. Les serre-files, officiers et sous-officiers se placent au côté opposé (gauche) et se répartissent entre les rangs et les sections. L'officier qui encadre le huitième peloton, marche à côté de l'homme de l'aile droite de la dernière section de ce peloton.

Si le commandant du bataillon, après avoir fait tourner les yeux à gauche commande : OFFICIERS SUR L'AILE GAUCHE (*Offiziere auf die linken Flugel*), les chefs de peloton se portent à l'aile gauche de leur première section, l'officier qui encadre le bataillon se place à la gauche de la dernière section du huitième peloton, tandis que les autres serre-files, officiers et sous-officiers, se portent vers le côté opposé (droit).

---

(1) Même dans les manœuvres après avoir fait demi-tour, les chefs de peloton restent comme dans toutes les autres formations près de l'homme de l'aile du premier rang. Ils ne doivent donc pas se porter soit au deuxième rang, soit au troisième.

Quand l'on part en conversant à gauche par section, les officiers chefs de peloton sont de même sur le flanc droit de leur première section, les sous-officiers de l'aile droite, en arrière de la première file de ce côté, l'officier qui encadre le huitième peloton, se porte sur le flanc droit de la dernière section de ce peloton.

Le drapeau et les sous-officiers qui lui sont joints, forment entre eux une section.

Les tambours et clairons faisant par le flanc, marchent dans les évolutions sur le flanc droit ou gauche du peloton en arrière duquel ils étaient placés, mais dans la marche, ils sont en tête du bataillon.

§ 66. **Par demi-peloton.**

Quand on converse à droite pour se mettre en marche par demi-peloton, les officiers chefs de peloton se placent près de l'homme d'aile droite de leur premier demi-peloton, et un sous-officier des serre-files, à côté de l'homme d'aile droite du second demi-peloton, excepté pour le huitième peloton où un sous-officier des serre-files de ce peloton prend cette place.

Les sous-officiers de l'aile droite se trouvent derrière la première file du premier demi-peloton ; les serre-files, officiers et sous-officiers, sont répartis derrière les deux demi-pelotons, dont l'aile gauche est encadrée par un sous-officier qui se place comme à la marche par section.

Si l'on fait tourner les yeux à gauche, et porter les officiers sur l'aile gauche, alors seulement, les chefs de peloton se portent à côté de l'homme de gauche de leur premier demi-peloton, et l'officier qui encadre la gauche du bataillon, se porte au flanc gauche du dernier demi-peloton. Les hommes de l'aile droite des demi-pelotons pairs, ont attention à se tenir alignés sur l'homme placé en avant d'eux dans la file de gauche du demi-peloton impair.

Lorsqu'on se met en marche par une conversion à gauche, les officiers chefs de peloton, se portent parcillement à l'aile droite de leur premier demi-peloton ; l'officier qui encadre le huitième peloton se tient à l'aile droite du second demi-peloton de ce peloton, et un sous-officier des serre-files, à l'aile droite des autres seconds demi-pelotons.

Le drapeau et les sous-officiers qui lui sont joints, marchent en arrière du premier demi-peloton du cinquième peloton, sur un rang, sur l'alignement des serre-files.

Les tambours et clairons faisant à droite ou à gauche, marchent comme lorsqu'on est par section.

§ 67. Par peloton.

Quand on a conversé par peloton, les officiers

chefs de peloton sont à deux pas en avant du centre, et les sous-officiers de l'aile droite se portent au flanc droit des pelotons. Même dans la conversion et surtout pendant la marche par peloton, les sous-officiers de l'aile gauche (§ 17) se portent au flanc gauche des pelotons. Les serre-files, officiers et sous-officiers, se tiennent en arrière du peloton, à la place qui leur a été prescrite § 17.

Quand on s'est mis en marche en conversant à droite, et qu'on doit reprendre la direction primitive par une conversion à gauche, on doit d'abord commander : YEUX A GAUCHE, puis : OFFICIERS SUR L'AILE GAUCHE. Les chefs de peloton se portent alors sur le flanc gauche, et conservent la distance et la direction, les sous-officiers de l'aile gauche se retirent en arrière de la seconde file à partir de la gauche, et sur l'alignement des serre-files. En principe, c'est l'officier du premier peloton qui donne la direction de la marche à la colonne.

Il s'ensuit que dans le cas où l'on fera tourner les yeux à gauche, sans que les officiers soient sur le flanc gauche, on devra aussitôt leur commander de s'y porter. Puis, même quand le front doit être repris par une conversion à gauche, il n'est pas absolument nécessaire de faire placer les officiers sur le flanc gauche, car les sous-officiers de l'aile gauche seront alors chargés de conserver la distance et la direction.

Quand on converse à gauche et qu'il est nécessaire

pour marquer correctement la ligne de base, on commande : OFFICIERS SUR L'AILE DROITE. Les officiers chefs de peloton se portent alors contre leur homme de l'aile droite, et le sous-officier de l'aile droite se place en arrière de la première file de droite, sur l'alignement des serre-files.·

Le drapeau et les sous-officiers qui l'accompagnent marchent derrière la droite du cinquième peloton, sur un rang, sur l'alignement des sous-officiers en serre-file. Les tambours et clairons marchent comme il leur a été prescrit dans les deux paragraphes précédents.

§ 68. Changement de direction d'une colonne marchant à distance entière.

Les principes pour la conversion d'une colonne à distance entière, ont déjà été donnés § 33.

Toutes les subdivisions de la colonne exécutent leur conversion à la même place que la première ; pour cela, l'officier qui se trouve à la subdivision de tête, est le seul qui ait à commander lorsqu'il se trouve à hauteur du point indiqué pour le mouvement, ou quand il en reçoit l'ordre du chef de bataillon : A DROITE (A GAUCHE) CONVERSION —· MARCHE (*Rechts (links) schwenkt — Marsch*). Les autres officiers chefs de peloton n'ont à commander successivement que CONVERSION — MARCHE.

L'officier ou le sous-officier qui donne la direction

de marche à la colonne, doit après avoir exécuté sa conversion, s'avancer droit sur la nouvelle direction ; les autres doivent se diriger en s'alignant sur lui et le point de direction.

Si la colonne a les yeux tournés à gauche et que les pelotons doivent d'abord converser à gauche, chaque officier chef de peloton après avoir commandé Droit en avant devra encore commander Yeux a gauche, parce que pendant la conversion, les hommes ont dû tenir les yeux à droite.

§ 69. Rompre et former les subdivisions dans une colonne à distance entière.

Quand une colonne marchant par peloton a besoin de réduire son front, elle rompt par demi-section ou par peloton.

Quand elle rompt, dans la marche à droite en tête, ce sont les demi-pelotons ou sections de droite qui sont en tête ; dans la marche, la gauche en tête, ce sont ceux de gauche. Si les pelotons ne doivent rompre que successivement, cela se fait au commandement de Par demi-peloton (section) — Rompez (*In Halbzüge (Sektionen) brecht-ab*) de l'officier du premier peloton ; les autres chefs de peloton ne commandent que Rompez, et tous les pelotons du bataillon exécutent leur mouvement à la même place que le premier. Si tous les pelotons doivent à la fois rompre par demi-peloton ou section, c'est le chef de bataillon qui commande : PAR DEMI-PELOTON (SECTION) — ROMPEZ.

Si les pelotons doivent se reformer successivement, l'officier du peloton de la tête, commande A DROITE (A GAUCHE) FORMEZ — MARCHE, MARCHE (*Rechts (links) marschirt auf Marsch, Marsch*). Les autres officiers ne commandent que MARCHE, MARCHE. Si tous les pelotons doivent se former à la fois, le chef de bataillon commande : A DROITE (A GAUCHE) FORMEZ — MARCHE, MARCHE.

On forme le peloton au pas de course, en obliquant à droite ou à gauche (§ 31). Tous les pelotons ou sections qui doivent se former, prennent la direction et le tact des coudes de celle des subdivisions de leur peloton qui marchait en avant. Si c'était celle de gauche, après le mouvement achevé, on commanderait YEUX A GAUCHE. Si tous les pelotons doivent se former à la fois, c'est le chef de bataillon qui fera le commandement. Dans tous les autres cas, ce seront les officiers chef de peloton.

Il faut encore ajouter que les sous-officiers des serre files qui, lorsqu'on est rompu par demi-peloton se tiennent à l'aile droite du second demi-peloton, se replacent en serre-file après qu'on a reformé le peloton.

De plus, quand on a rompu par section la droite en tête, au commandement de PAR SECTION — ROMPEZ (*In Sektionen brecht-ab*) des officiers et sous-officiers des serre-files se portent à leur flanc gauche.

dès qu'elles sont formées. Au commandement de
A gauche formez et de Marche, marche, ils se reportent derrière la section, et dès que le mouvement
est achevé, reprennent leur place primitive. Quand
on est rompu la gauche en tête, ils se placent au
flanc gauche des sections, et si l'on reforme le peloton, se placent de nouveau en arrière.

On rompt par section, demi-peloton ou peloton,
le bataillon étant de pied ferme, au commandement
de son chef de : Par section (demi-peloton, peloton)
rompez — marche, le mouvement s'exécute au pas.
Mais si on veut le faire exécuter au pas de course,
on devra commander : Marche, marche (§ 31).

§ 70. Se mettre par le flanc.

Quand un peloton marchant en colonne doit se
former par le flanc sans changer la direction de sa
marche, on commande : Mettez par le flanc (*In
Reihen formirt*) et on ajoute : A droite (a gauche)
par le flanc (*Rechts (links) — um*). L'homme d'aile
de chaque peloton marche droit en avant, les deux
hommes, qui placés derrière forment avec lui la file
d'aile, conversant à gauche, se placent à côté de lui.
Les autres files exécutent la conversion ordonnée,
et se conforment au mouvement de la file d'aile.

Quand la colonne est par demi-peloton, l'homme
d'aile de chaque demi-peloton continue à marcher
droit en avant; les sous-officiers d'aile droite se met-

tent à leur place, et les sous-officiers placés sur le flanc droit des deux demi-pelotons se reportent sur le rang des serre-files.

Quand la colonne est par section, le mouvement s'exécute de même, c'est-à-dire que dans la marche par le flanc droit au commandement de : METTEZ PAR LE FLANC et de A DROITE PAR LE FLANC, les officiers et sous-officiers serre-files, traversent du côté gauche au côté droit de la colonne, et les sous-officiers du flanc droit reprennent leurs places.

§ 71. Marche en colonne serrée.

Dans une colonne serrée (§ 60) l'alignement, le tact des coudes et la direction s'obtiennent en principe de la même façon qu'il a été prescrit pour la colonne à distance entière (§ 64). Les officiers chefs de peloton se tiennent à la droite, les sous-officiers d'aile gauche, sur le flanc gauche de leur peloton, les tambours et clairons, en arrière du bataillon. Quand on fait par le flanc gauche, dans une colonne serrée par peloton, les officiers chefs de peloton se rendent à l'aile gauche de leurs pelotons, et se tiennent près de leur homme de gauche pendant la marche.

§ 72. Changement de direction de marche d'une colonne serrée.

La conversion d'une colonne serrée, de pied ferme

ou en marche, s'exécute au commandement de : A DROITE (A GAUCHE) CONVERSION — MARCHE (*Rechts (links) schwenkt — Marsch*). La subdivision de tête exécute sa conversion d'après les principes donnés (§ 32). Toutes les subdivisions suivantes doivent pendant ce temps gagner du terrain de côté en même temps qu'en avant, ce qui s'exécute par la marche oblique à droite ou à gauche, sans autre commandement. Il en résulte que ce mouvement se compose de celui d'appuyer et en même temps de la conversion, et que, la queue de la colonne a à parcourir plus d'espace que la tête, dans une proportion qui résulte de la profondeur de la colonne.

Au commandement de : DROIT — EN AVANT, le mouvement s'achève pour la tête et successivement seulement pour les subdivisions suivantes. L'officier chef de peloton de la tête donne, après la conversion achevée, la direction de marche à la colonne; les autres officiers chefs de peloton, de même que les hommes dans le rang, s'alignent de proche en proche sur leurs chefs de file.

§ 73. Rompre et former les subdivisions étant en colonne serrée.

Une colonne serrée rompt par les mêmes moyens que nous avons vu employer pour la colonne à distance entière (§ 69), seulement les subdivisions de derrière doivent ralentir ou s'arrêter, pour laisser l'espace nécessaire à celles qui rompent.

Quand les subdivisions, après avoir franchi un défilé, par exemple, doivent se former pour reconstituer la colonne primitive, cela se fait **par les moyens prescrits (§ 75).**

§ 74. Marche oblique de la colonne serrée
ou à distance entière.

La colonne à distance entière et la colonne serrée marchent obliquement à droite et à gauche, quand elles doivent gagner du terrain à la fois en avant et latéralement.

§ 75. Prendre les distances et serrer la colonne.

Quand on veut passer de la colonne à distance à la colonne serrée, on agit ainsi :

Si le bataillon est de pied ferme, au commandement de : SERREZ — MARCHE (*Aufgeschlossen — Marsch*) les sept pelotons de derrière, se mettent en marche.

Si le bataillon est en marche, au commandement de : SERREZ, l'officier du peloton de la tête, commande : N° PELOTON — HALTE et les officiers qui commandent les pelotons suivants, en font autant à mesure qu'ils atteignent la distance prescrite.

L'habitude est de serrer ainsi au pas ordinaire,

mais on peut le faire aussi au pas de course au commandement de : SERREZ — MARCHE, MARCHE. L'on devra employer ce moyen quand il sera prescrit au peloton de devant de continuer à marcher. Tous les pelotons qui se trouvent derrière, prennent le pas de course, puis chacun d'eux successivement lorsqu'il arrive à sa distance, sans autre commandement ou avertissement, prend le pas du peloton qui est devant lui.

Le bataillon étant en marche, passera de la colonne serrée à la colonne à distance au commandement de son chef :

PRENEZ QUART (DEMI, ENTIÈRE) DE DISTANCE DE PELOTON (*Viertel* (1) (*halbe, ganze*) *Zug-Distance genommen*).

A ce commandement, les sept pelotons de derrière raccourcissent, puis successivement au commandement des officiers chefs de peloton : REPRENEZ — LIBREMENT (*Frei — weg*), ils reprennent la mesure ordinaire du pas. De pied ferme, le mouvement se fait suivant les circonstances par la mise en marche successive au commandement de leurs chefs : N° PELOTON — MARCHE, ou par un alignement en arrière. Le chef de bataillon commande alors : EN ARRIÈRE

____

(1) Dans une colonne à quart de distance de peloton, il y a sept pas du premier rang d'un peloton, au premier rang du peloton suivant.

ALIGNEMENT — MARCHE (*Rückwærts richt Euch —*
Marsch).

Les chefs de peloton arrêtent alors successivement
leurs pelotons, et les remettent face en tête par un
demi-tour, s'ils ont employé la marche en retraite
pour les pelotons de derrière.

Chaque fois qu'une colonne serrée doit manœuvrer, les pelotons prennent au moins distance de
quart de peloton. Ils serrent alors de nouveau quand
la colonne doit déployer. Mais ces deux mouvements
ne pourront jamais être faits que sur l'ordre du
chef de bataillon.

Quand un bataillon formé en colonne serrée doit
former les faisceaux, on doit d'abord faire prendre
aux pelotons, distance de quart de peloton.

§ 76. Passage de la colonne par peloton à distance entière ou serrée à la colonne d'attaque.

Pour passer de pied ferme, de la colonne par
peloton, à la colonne d'attaque, le chef de bataillon commande : Sur le centre en colonne (*Nach
der Mitte in Kolonne*). Sur cela, chaque officier commande le mouvement de flanc nécessaire pour son
peloton. Puis le chef de bataillon fait son commandement de Marche et les pelotons accomplissent chacun
son mouvement sur le commandement de son chef.

Si la colonne à distance entière est la droite en
tête, les premier, deuxième et troisième pelotons

font à droite, et après que leur tête a conversé à droite, passent auprès de la droite du quatrième peloton resté immobile. Ils font en arrière de lui, et à même hauteur, une nouvelle conversion à droite, la tête s'arrête, et chaque peloton forme ses files à gauche en ligne (§ 31. *b.*). Les officiers de chaque peloton se tiennent près de l'aile droite, et ont soin qu'elle ne décrive pas un arc de cercle trop grand. Les officiers des cinquième, sixième, septième et huitième pelotons commandent à leur peloton sur l'avertissement du chef de bataillon : OBLIQUE A

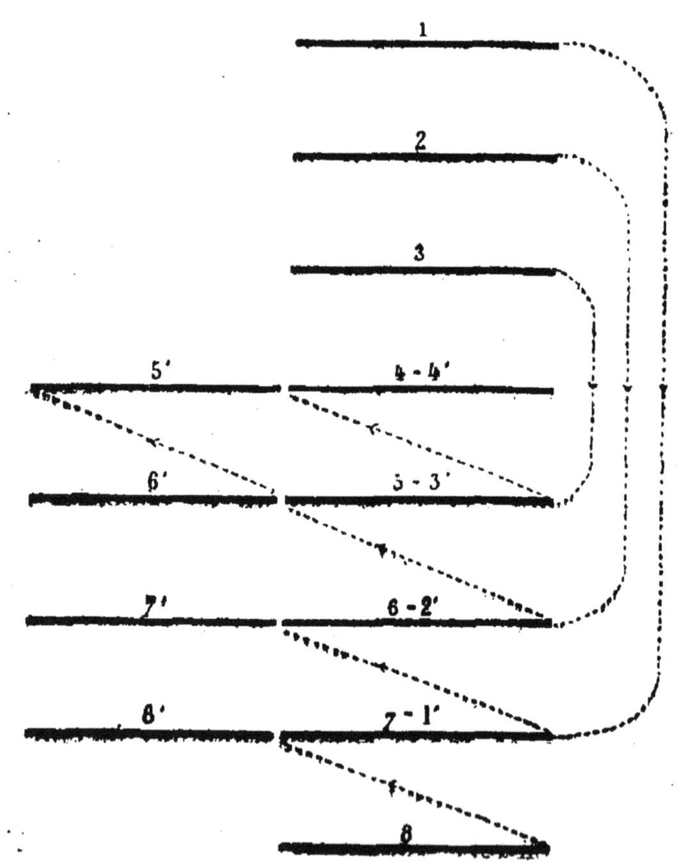

GAUCHE. Ils se mettent en mouvement au commandement de MARCHE, se redressent après le comdement de DROIT — EN AVANT fait par leur chef et s'arrêtent près des quatrième, troisième, deuxième et premier pelotons.

Si la colonne est la gauche en tête, le mouvement se fera d'une façon tout à fait semblable, c'est-à-dire que le cinquième peloton reste immobile, les sixième, septième et huitième pelotons font à gauche, et exécutent ce que nous venons de voir prescrire pour les troisième, deuxième et premier pelotons. Les quatrième, troisième, deuxième et premier pelotons se placent au commandement de OBLIQUE A DROITE — DROIT — EN AVANT et HALTE à côté des cinquième, etc... pelotons, et il n'y a plus qu'à commander pour le quatrième peloton : YEUX A GAUCHE, puis on s'aligne sur le cinquième peloton dès qu'on a ajouté HALTE.

Si le chef de bataillon commandait MARCHE, MARCHE ou faisait donner le signal FORMEZ LA COLONNE, la formation de la colonne d'attaque se ferait au pas de course, sans que les chefs de peloton aient besoin d'ajouter aucun autre commandement.

Une colonne par peloton à distance entière étant en marche, forme la colonne d'attaque au pas de course par le moyen indiqué ci-dessus.

Si la colonne par peloton dont on veut former la colonne d'attaque est serrée, on devra modifier le mouvement comme il suit : si la colonne est la droite en tête, les pelotons de cinq à huit doivent faire à gauche au commandement de Marche, se reculer à distance de peloton en arrière de leur alignement primitif, puis faire à droite et s'arrêter.

Si l'on est la gauche en tête, les pelotons de quatre à un, prennent en faisant à droite, distance de peloton, puis font à gauche et s'arrêtent. Avant le commandement de Halte, on doit faire au quatrième peloton, celui de Yeux a gauche.

La colonne sur le centre étant formée sur trois rangs, le chef de bataillon pourra dans tous les cas faire former les pelotons de tirailleurs en arrière de leurs compagnies.

§ 77. Passage du bataillon en colonne par peloton à distance entière ou serrée à la colonne de compagnie (1).

Dans une colonne par peloton, la droite en tête, quand le chef de bataillon commande : Formez les colonnes en compagnie (*Kompagnie Kolonnen formirt*), les trois rangs de tous les pelotons impairs font à droite, et s'établissent par une conversion à droite de leur tête, et une formation en ligne à gauche en avant des trois rangs des pelotons pairs qui, à cette fin, reculent un

---

(1) Ce mouvement ne fait pas l'objet d'un examen.

peu. Si la colonne est la gauche en tête, les trois rangs des pelotons pairs font à gauche, et s'établissent leur tête faisant à gauche, et par une formation en ligne à droite, en arrière des trois rangs des pelotons pairs.

Si la colonne est à distance entière, elle doit serrer aussitôt après, à six pas sur le peloton de la tête. Si la colonne était serrée, cette distance réglementaire ne devrait être prise qu'en se mettant en marche, ou par un demi-tour et une marche en retraite des pelotons qui sont en arrière.

Toutes quatre, les compagnies du bataillon sont ensuite ployées la droite ou la gauche en tête, mais on devra pourtant saisir la première occasion pour se déployer de nouveau par les moyens prescrits (§§ 35 et 62).

§ 78. **Mouvements de la colonne d'attaque.**

Les pelotons d'un bataillon disposé en colonne d'attaque, doivent toujours, à moins qu'on ne le commande expressément, être distants de quart de distance de peloton. Le bataillon se formera donc avec cette distance, ou la prendra en se mettant en marche, si la colonne d'attaque a été formée de la façon indiquée (§ 61). Cette distance se conserve dans toutes les circonstances quand on s'arrête pour reformer le front, ou quand on marche en retraite. On ne serre que sur le commandement du chef de bataillon.

6.

Ce commandement n'est fait que si le bataillon doit se déployer, se porter en avant pour attaquer à la baïonnette, former le carré, ou serrer dans un mouvement d'ensemble, ou encore si on l'envoie combattre seul. Ces circonstances passées, le chef de bataillon fait reprendre les distances à la colonne.

On prend les distances et on serre par les moyens et commandements prescrits (§ 75.) Souvent quand on serre, on laisse continuer la marche à la tête.

Dans les manœuvres, la direction de la marche en avant est donnée à la colonne d'attaque, par le drapeau qui marche entre le quatrième et le cinquième peloton, mais on ne le fait pas sortir pour la marche en avant. La direction et le tact des coudes se prennent de son côté ; c'est comme il a été dit, ce à quoi on devra avoir la principale attention dans la marche de front (§ 49). Les subdivisions qui sont en arrière, se conforment aux principes généraux donnés pour la marche en colonne serrée (§ 71), avec cette différence que dans les mouvements en avant ou en arrière, elles prennent comme la tête ou la queue, la direction du centre. Les tambours ne battent que pendant l'attaque, et non pendant qu'on exécute les autres mouvements.

Dans les mouvements en avant, les sous-officiers d'aile des pelotons de l'intérieur de la colonne se portent à la droite et à la gauche ; en bataille, ils sont en arrière des rangs. Deux des sous-officiers qui dans la formation du carré sont destinés à être compris dans la queue, prennent aussitôt leur place sur un rang entre les sous-officiers d'aile du premier et du huitième peloton, à la place du drapeau.

Dans les mouvements de flanc que la colonne exécute en faisant à droite ou à gauche (§ 29), et dans la marche oblique, les officiers chefs de peloton et celui qui encadre la gauche du cinquième peloton, demeurent à leurs places; c'est-à-dire que dans les deux cas, ils se placent à côté ou en avant de l'homme d'aile près duquel est leur place de colonne, sans avoir égard, quand il s'agit de converser, qu'ils soient près de l'homme de droite ou de gauche.

Quand cette colonne converse, le tact des coudes reste au pivot, et la direction à l'aile marchante, sans s'inquiéter du drapeau.

Si la colonne doit être établie sur une direction donnée, ou simplement alignée, le chef de bataillon commande : POINTS SORTEZ (*Points vor*). Le chef du quatrième peloton, le porte-drapeau et l'officier qui encadre la gauche du cinquième peloton, sortent, et sont alignés sur le chef de bataillon (§ 45). Au commandement de : ALIGNEZ-VOUS, les deux pelotons de tête se portent sur la ligne tracée, les pelotons de derrière avancent en même temps et reprennent leur distance et leur direction du peloton de la tête. Ils se portent sur la ligne en tournant les yeux à droite, mais en conservant le tact des coudes du côté du drapeau.

§ 79. Rompre et former les subdivisions étant en colonne d'attaque.

Si la configuration du terrain ne permet pas à la colonne d'attaque de marcher par front de compagnie, on rompt les subdivisions, ce qui se fait au commandement du chef de bataillon :

PAR LA TÊTE (LA QUEUE) FORMEZ PAR LE FLANC

(*Aus der Tete (Queue) in Reihen gesetzt*)

ou PAR LA TÊTE (LA QUEUE) PAR DEMI-PELOTON (SECTION) ROMPEZ.

Aus der Tete (Queue) in Halbzüge (Sektionen) brecht ab).

Dans le premier cas, les chefs de peloton commanderont à leurs pelotons de faire par le flanc, et le mouvement s'exécutera comme il suit. Le drapeau et les sous-officiers qui se trouvent entre les pelotons de la tête (queue) continuent à marcher droit en avant. Les pelotons de la tête (queue) font à droite et à gauche, puis leur tête converse et se maintient à hauteur du drapeau. Les autres pelotons qui sont derrière, ralentissent et suivent dès que la place est libre, puis agissent de même, et se relient au peloton de la tête. Les officiers chefs de peloton sont toujours à la tête de leurs pelotons. Les tambours et clairons marchent par le flanc entre le troisième et le sixième peloton.

Dans le second cas, les chefs de peloton commandent successivement à leurs pelotons de rompre par demi-pelotons (sections) (§ 69). Le drapeau et les sous-officiers marchent entre les deux pelotons droit en avant, comme nous avons vu. Les pelotons de tête (queue) rompent en subdivisions à droite et à gauche suivant l'ordre donné, les pelotons qui sont derrière, ralentissent, jusqu'à ce qu'ils aient l'espace pour rompre, rompent, et s'avancent ensuite librement en se reliant au peloton qui est devant eux (§ 73).

La colonne d'attaque est-elle de pied ferme quand elle doit rompre, le mouvement s'exécute au commandement du chef de bataillon, que nous avons vu, auquel il ajoute : Marche.

Si le mouvement doit se faire au pas de course, le chef de bataillon commande : Marche, marche.

Si la colonne ne doit pas conserver son front restreint, mais qu'après avoir franchi le défilé, elle doive se reformer comme primitivement, cela se fait au commandement des chefs de peloton (§ 69). Le chef de peloton n'a qu'à donner avis au chef du peloton de la tête (queue), de la formation à prendre, et les pelotons suivants serrent à leur distance sans attendre d'autre commandement (§ 75).

Si la colonne d'attaque marchant vers une de ses ailes doit franchir un défilé, le chef de bataillon commande : Par l'aile droite (gauche) rompez (*Aus der rechten (linken) Flanke brecht ab*). Les quatre pelotons extérieurs de la colonne raccourcissent jusqu'à ce qu'ils se soient placés en arrière des quatre pelotons intérieurs, aux mouvements desquels ils se conforment. Le défilé passé, les quatre pelotons extérieurs reprennent aussi vite que possible leur place primitive dans la colonne.

Il est surtout recommandé de rompre les fronts de compagnie pour franchir des défilés un peu longs.

Le chef de bataillon commande alors :

Par la tête (queue) par section (demi-peloton) rompez ! troisième et quatrième (première et deuxième) compagnie ralentissez.

(*Aus der Tete Queue in Sektionen (Halbzüge) brecht ab! Dritte und vierte (erste und zweite) Kompagnie kurz getreten*).

Les compagnies non désignées, continuent à marcher, et rompent sans autre commandement. Les compagnies qui ralentissent, se forment par compagnie, dès qu'elles ont l'espace nécessaire.

Si le mouvement doit s'exécuter au pas de course, le chef de bataillon commande : Marche, marche.

La colonne d'attaque ne doit pas garder un front réduit, mais, aussitôt-qu'elle a franchi le défilé, se reformer par front de compagnie, ce qui se fait, comme pour former la compagnie.

Si la colonne d'attaque doit, marchant vers une

de ses ailes, franchir un défilé, le chef de bataillon commande :

PAR L'AILE DROITE (GAUCHE) ROMPEZ! DEUXIÈME ET TROISIÈME (PREMIÈRE ET QUATRIÈME) COMPAGNIE RALENTISSEZ.

(Aus der rechten (linken) Flanke brecht ab! Zweite und dritte (erste und vierte) Kompagnie kurz getreten).

Les compagnies désignées, suivent dès que les autres les ont dépassées, puis dès qu'il leur est possible, reprennent leur place dans la colonne, sans commandement ultérieur.

Quand on franchit un défilé, si ce n'est pas au pas de course, toutes les distances sont strictement observées, et par une marche serrée, on doit avoir une attention spéciale à éviter tout retard possible.

§ 80. Passage de la colonne d'attaque, à la colonne par peloton, serrée ou à distance entière.

Quand on doit former une colonne d'attaque en colonne serrée par peloton, on doit en principe former d'abord le troisième rang, puis le chef de bataillon, commande :

COLONNE LA DROITE (GAUCHE) EN TÊTE (*Zum Rechts (Links) Abmarsch in Kolonne*). Pour passer à la colonne la droite en tête, les chefs de peloton, à l'exception de celui du quatrième, sur lequel se fait la formation et qui doit par conséquent rester im-

mobile, commandent le mouvement de flanc : A
DROITE PAR LE FLANC.

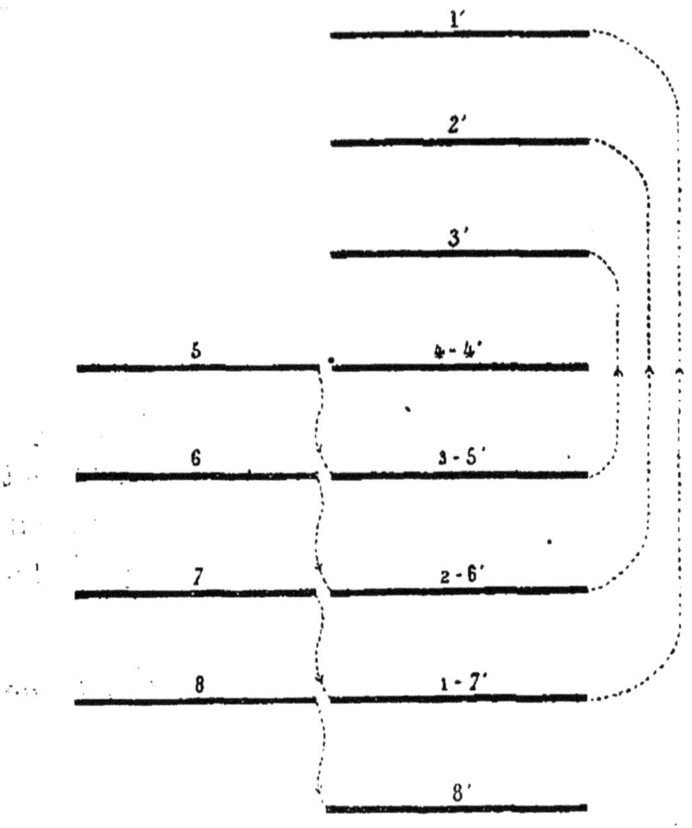

Le chef de bataillon commande alors : MARCHE,
les troisième, deuxième et premier pelotons, vont se
mettre à leur place en avant du quatrième, les chefs
de peloton à la tête de leurs pelotons, conversant à
gauche, dès que leur file d'aile droite se trouve à
hauteur de celle du quatrième peloton, puis, ils
forment leurs files en ligne vers la gauche, et s'arrêtent. Les cinquième, sixième, septième et huitième pelotons, font à droite, ils se placent en arrière

du quatrième qui reste immobile, et quand ils sont
arrivés à le couvrir, leur chef de peloton commande :
HALTE — FRONT.

Si la colonne doit se former la gauche en tête,
c'est le cinquième peloton qui reste immobile, tous
les autres font à gauche. Les sixième, septième et
huitième pelotons, vont se mettre à leur rang en
avant du cinquième, en conversant à droite, puis
formant leurs files en ligne vers la droite. Les quatrième, troisième, deuxième et premier conversant
à gauche, vont se placer en arrière de lui.

Si on doit se former en colonne par peloton à
distance entière, cette formation se fera comme celle
de la colonne serrée, en tenant compte des prescriptions faites (§ 75).

§ 81. Passage de la colonne d'attaque à la colonne de compagnie.

Quand on doit, étant en colonne d'attaque, former
les colonnes de compagnie, et que les pelotons de
tirailleurs n'ont pas encore été formés, cela se fait
au commandement du chef de bataillon :

FORMEZ LES COLONNES DE COMPAGNIE (*Kompagnie
Kolonnen formirt*). Le troisième rang du deuxième
et du quatrième peloton, sa tête conversant à droite,
puis lui se formant en ligne vers la gauche, se place
en arrière du troisième rang du premier et du troi-

sième peloton. Le troisième rang du cinquième et
du sixième peloton fait à gauche, il s'établit, sa tête
conversant à gauche, et lui, se formant en ligne
vers la droite, en avant du troisième rang des
sixième et huitième pelotons, qui à cette fin reculent un peu.

Les officiers, sous-officiers et le drapeau, jusqu'à
ce qu'on ait à employer les compagnies, restent aux
places qui leur ont été assignées à la colonne d'attaque. Au contraire, les tambours et clairons se sépa-
rent, et se rendent à leur place près de leur compagnie.

§ 82. Reformer la colonne d'attaque avec les colonnes de compagnie.

Quand les colonnes de compagnie d'un bataillon
ont été déployées les unes près des autres, et qu'on
veut reconstituer la colonne d'attaque, le chef de
bataillon désigne la compagnie sur laquelle il veut
rassembler le bataillon. Celle-là reste immobile, et
les autres se rendent d'un pas vif, par le chemin le
plus court, près d'elle, et prennent la place qu'elles
doivent avoir dans la colonne d'attaque.

§ 83. Attaque en colonne.

Un bataillon qui doit s'avancer pour attaquer à
la baïonnette, se fait précéder ou soutenir par

des tirailleurs, comme il a déjà été prescrit (§ 86).

La colonne se meut au pas ordinaire au commencement du mouvement. On réunit à leur place les tirailleurs du troisième rang, que l'on fait sortir alors, ou lorsqu'on fait serrer les pelotons de derrière (§ 76) ; on les fait sortir en tout cas avant qu'on soit engagé, au moment où l'on serre. Les tambours réunis battent le pas de charge comme lorsqu'on s'avance en ligne (§ 49) (1).

Au commandement de : POUR L'ATTAQUE, L'ARME A DROITE, tous les pelotons du bataillon portent l'arme dans le bras droit, et la colonne prend une marche plus rapide, qui lui est indiquée par la batterie des tambours (§ 3), mais les fifres ne jouent pas.

Quand on approche encore de l'ennemi, le chef de bataillon se laisse précéder par sa troupe et commande : CROISEZ LA BAÏONNETTE, ce qui est exécuté par le premier et le deuxième rang des pelotons de la tête, comme il a été prescrit lors de l'attaque à la baïonnette en ligne (§ 54). Au commandement de : BATAILLON — HALTE et sur un court roulement, les deux premiers rangs apprêtent l'arme, tandis que les pelotons de derrière mettent l'arme sur l'épaule.

Le chef de bataillon fait :

a. Si l'attaque est considérée comme réussie, exé-

---

(1) Si le bataillon est armé de fusil de fusilier, il met à ce moment la baïonnette au canon.

cuter une salve par les deux pelotons de tête sur les seuls commandements de : En joue et feu, et ensuite les tirailleurs partent en avant.

b. Si l'on est considéré comme battu, on met de suite l'arme au repos, on fait demi-tour, et le bataillon bat en retraite sous la protection des tirailleurs.

c. Dans les cas enfin où l'attaque n'a eu aucun effet, et n'a eu pour résultat qu'un combat de feux, il fait suivant les circonstances avancer de nouveaux tirailleurs pour renforcer la ligne qui soutient le combat de feux, pendant que la colonne se dérobe le plus possible à leur action.

Quand le signal du feu rapide est donné, et pendant que les pelotons de tête tirent, on déploie tout le bataillon au commandement de : Déployez — marche, marche (*Deployirt — Marsch, Marsch*). Chaque peloton se déploie, et dès qu'il a atteint l'alignement de la tête, sans autre commandement, il commence le feu rapide. Dans ce déploiement qui s'exécute d'après les principes prescrits (§ 95), il va de soi que les sous-officiers d'aile ne sortent pas.

CHAPITRE XIII.

DES PELOTONS DE TIRAILLEURS D'UN BATAILLON EN
COLONNE, ET DE LA COLONNE DE COMPAGNIE.

§ 84. Formation des pelotons de tirailleurs dans la colonne serrée et à distance entière (1).

Dans la colonne à distance entière, les pelotons
du troisième rang sont établis sur la ligne de front
du bataillon, sur l'un ou l'autre de ses flancs, et
par même front de subdivision, peloton, demi-peloton, section, que le bataillon. Ils ne rompent sur
un front plus restreint ou ne se mettent par le flanc,
que si l'espace trop limité les y contraint.

Dans un bataillon formé la droite en tête, au
commandement du chef de bataillon : FORMEZ LES
PELOTONS DU TROISIÈME RANG (*Zuge aus dem dritten
Gliede formirt*), les troisièmes rangs de tous les
pelotons faisant à droite, se portent à six pas en
dehors de la colonne, le premier peloton de tirailleurs près du premier peloton du bataillon, le
deuxième peloton de tirailleurs près du troisième,
le troisième peloton près du sixième, le quatrième
peloton de tirailleurs près du huitième. Dans un

---

(1) On ne doit pas en faire un sujet d'examen.

peloton la gauche en tête, ils sortent en faisant à gauche, et le troisième rang des pelotons impairs du bataillon serre contre celui des pelotons pairs.

L'emploi des pelotons de tirailleurs résulte des circonstances. S'ils doivent être employés sur le côté pour couvrir la marche de front de la colonne, cela se fait comme nous l'avons vu (§ 56), pour un bataillon en ligne, quand le premier et le quatrième peloton de tirailleurs doivent être déployés. S'ils doivent s'établir de suite, sans formation préalable des pelotons du troisième rang, au signal de : EN TIRAILLEURS, le premier et le quatrième peloton de tirailleurs se forment de suite par le chemin le plus court en avant du front, et se déploient, tandis que le deuxième et le troisième conservent leur place près du troisième et du sixième peloton.

Si l'on doit former les pelotons de tirailleurs le bataillon étant en marche, le mouvement se fait au pas de course. Le bataillon se reforme-t-il en bataille par une conversion des subdivisions, les pelotons de tirailleurs se placent comme il est prescrit (§ 55).

Dans la colonne à distance, quand le cas s'en présente, on forme d'une manière semblable les pelotons du troisième rang, qu'on place près des premier, troisième, sixième et huitième pelotons du bataillon.

85. Formation des pelotons de tirailleurs de la colonne d'attaque.

Un bataillon étant formé en colonne d'attaque, au commandement de : FORMEZ LES PELOTONS DU TROISIÈME RANG, on forme les pelotons de tirailleurs de la même façon qu'il est prescrit (§ 81), étant en colonne de compagnie.

Si deux pelotons de tirailleurs doivent prendre la tête de la colonne, on laisse au chef de bataillon toute latitude sur les dispositions qu'il veut prendre.

Au signal de : EN TIRAILLEURS, le premier et le quatrième peloton de tirailleurs sortent, et tandis qu'ils déploient chacun une section comme nous avons vu (§ 56), les autres sections restent en ordre serré comme troupe de soutien, et continuent à marcher au pas cadencé jusqu'à ce qu'elles soient sorties de la colonne.

La ligne des tirailleurs s'étend jusqu'à ce que la distance entre les files soit d'environ six pas. On déploie successivement les deux pelotons en entier. Les sections qui déploient prolongent l'aile extérieure de la ligne des tirailleurs déjà établis, de façon à couvrir le bataillon au cas où il voudrait se déployer. S'il devient nécessaire d'employer de nouvelles subdivisions dans le cours du combat en ordre dispersé, les deux compagnies des ailes sont comme nous avons vu (§ 56), destinées à cet objet. On donne le signal d'EN TIRAILLEURS sans qu'il soit besoin de former d'avance les pelotons du troisième rang. Le premier et le quatrième peloton de tirailleurs sortent de la colonne par le chemin le plus court, faisant, l'un à droite, l'autre à gauche; une section de chacun d'eux se déploie et le reste se forme en troupe de soutien. Les deuxième et troisième pelotons de tirailleurs, se forment en arrière de leur compagnie.

On fait rentrer les pelotons de *tirailleurs au troi-sième rang* au commandement du chef de bataillon.

§ 86. Emploi des pelotons de tirailleurs dans l'attaque en colonne.

Si un bataillon en colonne sur le centre a déployé des tirailleurs en avant de son front, ils se *règlent* sur lui pour s'arrêter ou reprendre la marche, et le bataillon lui-même ne doit s'avancer que pour les soutenir ou surtout pour attaquer (§ 82). La ligne de tirailleurs appuie sur place ou en battant en retraite, vers une de ses ailes, et se rassemble autant qu'il est nécessaire pour laisser le terrain libre à la tête de colonne. A son approche, la portion des deux pelotons de tirailleurs restée en ordre serré, et celle déployée, se relient au bataillon, et, sur les deux flancs de la colonne, se conforment à tous ses mouvements.

Le bataillon porte l'arme dans le bras droit et prend une allure plus vive dès qu'il a atteint la ligne des tirailleurs; cette dernière commence un feu violent, quand elle doit sur l'appel des chefs de peloton, s'avancer par rangs.

Si le chef de bataillon fait pour l'attaque (§ 83,*a.*), exécuter une salve par sa tête de colonne, puis commande : Marche, la ligne des tirailleurs qui se porte aussi en avant, se place contre la droite et la gauche du bataillon, et la colonne reprend sa marche. Troupes de soutien et aussi compagnies des ailes, en ordre serré, suivent sur un avertissement dès que le bataillon est arrivé à la distance prescrite de la ligne des tirailleurs.

Si le chef de bataillon doit faire faire demi-tour à la colonne pour la faire marcher en retraite (§ 83, *b*), la ligne de tirailleurs reste en place, puis se rassemble en ordre serré, en avant du bataillon.

Si le chef de bataillon veut continuer le combat de feux de tirailleurs, sur l'objectif, jusqu'à ce que la colonne doive pousser en avant, ces derniers doivent autant que possible éteindre le feu de l'ennemi (§ 83), ce qui doit se faire par des moyens divers suivant les circonstances qui se présentent, et qui sont si variables qu'on ne peut rien prescrire.

Dans les mouvements en avant comme en retraite, on doit mettre à profit la première circonstance favorable qui peut se présenter pour renouveler les relations utiles entre les subdivisions en ordre serré, et celles qui sont en tirailleurs.

Quand un bataillon formé en colonne d'attaque s'avance pour attaquer, sans avoir une ligne de tirailleurs en avant de son front, au commandement de son chef : TIRAILLEURS DANS LES INTERVALLES (*Schutzen in die Intervalle*), les premier et quatrième pelotons entiers forment une ligne de tirailleurs qui se déploie contre le bataillon, à droite et à gauche, et le suit dans tous ses mouvements. Ce ne sera que dans des cas très-pressants qu'au commandement réitéré de : TIRAILLEURS DANS LES INTERVALLES, les premier et huitième pelotons seront déployés de la même façon.

Si on avait ainsi quatre pelotons en tirailleurs contre le bataillon, on devra, à la première occasion qui s'offrira, comme par exemple lors d'une attaque à la baïonnette, au signal de : MARCHE, ou avant qu'on se porte de nouveau en avant, faire rassembler à la fois le premier et le quatrième peloton de tirailleurs.

<h3 align="center">§ 87. (Suite.)</h3>

Les tirailleurs déployés à droite et à gauche, contre le bataillon, doivent, si pendant leur mouvement en avant ils sont menacés d'une attaque subite de cavalerie, se rassembler à la queue de la colonne, et s'y former en ordre serré de la façon

prescrite (§ 85). Ce ne sera que dans le cas où la ligne
de tirailleurs se trouvera trop en avant du front du
bataillon pour avoir le temps de gagner cette place,
qu'elle se ralliera sur la troupe de soutien pour
former le noyau.

§ 88. De la colonne de compagnie.

Les quatre colonnes de compagnie d'un bataillon
peuvent, de la formation en ligne, passer à celle en
colonne, pour l'attaque ou la marche, mais elles ne
peuvent, sur un commandement une fois prescrit,
être serrées à une distance établie une fois pour
toutes. La manière de les former devra chaque fois
être indiquée par l'ordre du chef de bataillon, et elle
est déterminée par les circonstances ou le but qu'on
se propose.

En principe, on doit donner à cette formation,
plus de profondeur que de front; et en plaine libre,
les diverses colonnes de compagnie ne doivent pas,
à moins d'autres motifs, être plus éloignées les unes
des autres qu'il ne convient, pour qu'elles puissent
se prêter un appui mutuel, et se réunir facilement:
On devra de plus, pour pouvoir présenter une succession d'efforts, conserver au moins une compagnie
en réserve; on la place généralement d'après les
principes enseignés (§ 114).

Quand deux compagnies sont réunies en un demi-
bataillon, elles sont sous les ordres du plus ancien

chef de compagnie, à moins qu'il ne se trouve dans le bataillon un second officier d'état-major, auquel cas ce sera lui qui prendra le commandement.

Le drapeau du bataillon reste avec la compagnie conservée en réserve, et dans le cas où une portion de cette compagnie serait déployée en tirailleurs, on gardera toujours près de lui la première section du peloton.

CHAPITRE XIV.

DU CARRÉ.

§ 89. **Formation du carré** (1).

Quand un bataillon formé en colonne d'attaque a besoin de se protéger contre une charge de cavalerie, et qu'il devra par conséquent serrer les pelotons de queue, sur ceux qui le sont déjà (§ 78), on le fera de la manière suivante :

Le chef de bataillon commande : FORMEZ LE CARRÉ (*Formirt das Carree*). A ce commandement, chaque compagnie serre sur son peloton de tête, à distance

---

(1) Si le bataillon est armé de fusils de fusilier, il devra alors mettre la baïonnette au canon.

de rang, les serre-files, officiers ou sous-officiers se retirant par les ailes. On augmente la distance prescrite (§ 61) entre les compagnies de devant et celles de derrière; on la porte à sept pas, et l'on fait garnir cet intervalle sur les deux côtés du carré, par sept files formées des officiers, sous-officiers ou hommes les plus voisins, mais principalement des hommes.

Les deux compagnies de derrière, après avoir serré, font demi-tour sans autre commandement.

Chacune des deux files extérieures des pelotons qui ne sont ni en tête ni en queue fait face sur le flanc. Les deux files d'aile de droite ou de gauche des pelotons qui forment la tête ou la queue (c'est-à-dire les coins du carré), font face sur le flanc s c'est lui qui est attaqué.

Les officiers montés trouvent place dans l'intérieur du carré. Les officiers, porte-drapeau, sergents-majors, sous-officiers, tambours et clairons prennent les places qui leur sont indiquées dans la figure ci-après. Les médecins et infirmiers trouvent place entre les compagnies.

Dès que les mouvements demandés pour la formation du carré sont faits, le chef de bataillon commande : CARRÉ, APPRÊTEZ (*Carrée, fertig*). A ce commandement, le rang extérieur de tous côtés croise la baïonnette ; le second fait un pas à droite et en avant et apprête l'arme.

Les sous-officiers placés dans les files de tête, de

Chef de peloton   Officier   Drapeau   Sergent-major   Sous-officier   Tambour de bataillon   Tambour et Clairon

Hommes qui doivent quitter leur place.   ——— Ligne de front.

Les lignes ponctuées, en tête, en queue, et sur les flancs indiquent la séparation des compagnies.

queue ou des flancs, exécutent ce mouvement comme les hommes du rang où ils se trouvent. Les officiers ne changent pas de places, mais les conservent pendant la charge et les mouvements que le carré exécute en gardant sa formation.

Si le bataillon a besoin de former le carré avant que les pelotons de tirailleurs ne soient formés, le mouvement s'exécute d'une façon analogue, avec cette seule différence qu'il y a deux files de moins sur chaque flanc (1).

Si deux compagnies placées côte à côte forment le carré, cela se fait par les principes donnés (§ 42), mais les pelotons qui ont fait demi-tour ne doivent pas boucher l'intervalle qui reste sur le flanc.

Quand un bataillon marchant en bataille doit former rapidement le carré, cela se fait au signal de : FORMEZ LA COLONNE (*Kolonne formirt*) au pas de course (§ 61). Aussitôt après le signal, le chef de bataille commande : FORMEZ LE CARRÉ — CARRÉ, APPRÊTEZ, et l'on passe quoiqu'en les accélérant, par tous les mouvements que nous avons vus pour les pelotons (2).

On recommande aux bataillons sur pied de guerre, quand ils forment le carré, de le faire d'une façon

<hr>

(1) Cette formation ne doit pas faire l'objet d'un examen,

(2) Sous le rapport de la conduite des tirailleurs, on se conforme à ce qui est prescrit au § 126.

tout à fait semblable, par front de demi-peloton sur
deux rangs, de façon que la compagnie soit serrée
sur douze rangs de profondeur, et que les compagnies de queue s'approchent assez pour fermer les
flancs avec sept files.

§ 90. Charge en carré.

La face attaquée d'un carré fait feu chaque fois à
commandement, de la manière suivante :

A l'avertissement du chef de bataillon : Tête
(FACE DROITE — GAUCHE — QUEUE) CHARGEZ, les deux
files d'angle de tête ou de queue font par le flanc
pour faire face du côté attaqué, dans le cas où elles
n'y seraient pas encore, et cela de telle façon que si
la tête et un flanc sont attaqués en même temps, la
file d'angle fait face du côté du flanc. Sur les commandements ultérieurs du chef de bataillon, on
exécute le feu comme il est prescrit (§ 22) et l'on recharge.

Le feu se continue jusqu'au commandement de :
ARME AU REPOS — L'ARME SUR L'ÉPAULE OU A L'ÉPAULE.
Les pelotons et les hommes qui ont conversé reviennent d'eux-mêmes face en tête, après qu'ils ont
mis l'arme sur l'épaule ou à l'épaule.

On emploie pour se défendre contre la cavalerie,
des salves, qu'on fait se succéder aussi vite que
possible, mais on a grand soin de toujours conser-

ver le calme et de garder le bataillon solidement
fermé.

§ 94. Mouvements étant en carré.

Quand le carré doit se mettre en marche, cela se
fait de la même façon qu'il est prescrit pour la colonne.

Les rangs doivent pendant la marche rester aussi
serrés que possible, afin qu'au commandement
de : CARRÉ — HALTE, après avoir fait front de tous
côtés, les hommes soient bien coude à coude. Après
ce dernier commandement, on commande : CARRÉ
— APPRÊTEZ, etc. Dans ces deux cas, la troupe doit
être avertie par le mot : CARRÉ, c'est la seule exception que souffre le principe général qui veut
qu'on emploie comme avertissement le mot : BA-
TAILLON. Si le chef de bataillon veut sans faire
apprêter, faire faire front et arrêter, il commande :
BATAILLON ENTIER — FRONT ou BATAILLON — HALTE.
Dans ce cas, le bataillon fait front ou s'arrête, sans
faire aucune autre conversion.

On ne marche en carré que si l'on a dans son
voisinage de la cavalerie dont on puisse craindre
l'attaque.

Si pour se protéger pendant la marche contre des
cavaliers ennemis isolés on veut faire sortir du
carré des tirailleurs, cela se fait à l'avertissement
du chef de bataillon : DE LA TÊTE (FACE DROITE —

GAUCHE — QUEUE) TIRAILLEURS SORTEZ (*Aus der Tete
(Rechten—linken Flanke — Queue) Schützen vor*).
Quelques-uns des meilleurs tireurs du premier rang
de la tête, s'avancent alors de quelques pas, et font
feu. Si le carré s'arrête, ils rentrent vite à leur place
et croisent la baïonnette. S'il est nécessaire de faire
sortir des tirailleurs de la queue, on le fait de la
même façon, seulement on les prendra au dernier
rang.

**Tous les mouvements en carré doivent être exé-
cutés avec calme et au pas cadencé ; même, dans les
cas où un plus grand ordre semblera encore nécessaire, on pourra faire porter l'arme.**

§ 92. Reformer la colonne.

On se reforme en colonne d'attaque au commandement de : FORMEZ LA COLONNE (*Formirt die Kolonne*). Si le commandement est fait, le bataillon
étant de pied ferme, sans commandement de leurs
chefs, les pelotons qui ont serré, reprennent leur
distance par un alignement en arrière. Si au contraire le bataillon est en marche, ces pelotons reprennent leur distance en raccourcissant le pas.
Dans les deux cas, les officiers et sous-officiers reprennent de suite leur place de colonne.

CHAPITRE XV.

SE FORMER EN BATAILLE ÉTANT EN COLONNE.

§ 93. Formation par le déploiement de la colonne serrée.

Une colonne serrée, se déploie d'après les principes suivants. Le chef de bataillon ayant correctement aligné la tête de la colonne et placé les autres subdivisions perpendiculairement en arrière d'elle, commande : A DROITE (A GAUCHE) DÉPLOYEZ (*Rechts* (*links*) *deployirt*). A cet avertissement, le sous-officier d'aile droite ou gauche de chaque peloton suivant le côté de la base d'alignement, se porte sur la ligne où il doit se déployer. Si l'on déploie à gauche, le sous-officier de l'aile gauche du peloton qui se trouve en tête fait face à droite, de façon à se trouver en avant de l'homme de gauche du peloton; le sous-officier de l'aile droite faisant à gauche, se placera en avant de l'homme de droite. Les autres sous-officiers d'aile qui servent à marquer la ligne d'alignement, faisant à droite, s'alignent correctement sur ceux de la tête, et prennent entre eux autant de distance que le comporte le front du peloton. Si la colonne, la gauche en tête, doit déployer à droite, le sous-officier de l'aile gauche du huitième peloton faisant à droite, se place en avant de l'homme de gauche de son peloton, le sous-officier de l'aile droite de ce même peloton, faisant à gauche, se place en avant de l'homme de l'aile droite, et les sous-officiers d'aile droite des sept autres pelotons se distancent de la façon que nous avons indiquée pour marquer la ligne. Les trois premiers sous-officiers doivent être établis par le chef de bataillon ; l'adjudant surveille l'alignement des autres.

Aussitôt après l'avertissement pour déployer, le chef de bataillon commande : A DROITE (A GAUCHE) — PAR LE FLANC (*Rechts* (*links*) — *um*). Le peloton de la tête demeure immobile, et, dans le déploiement à droite, s'aligne à gauche sur l'ordre de son chef ; tous les autres pelotons exécutent le mouvement de flanc commandé.

Dans le déploiement à gauche, les officiers chefs de peloton se portent à côté de l'homme de gauche de leur peloton.

Au commandement de MARCHE, les pelotons qui ont fait par le flanc se mettent en marche. Dès que le peloton voisin de celui de la tête a parcouru distance de peloton, l'officier qui le commande et qui est resté en place, commande : A DROITE (A GAUCHE) — PAR LE FLANC, et si l'on déploie à droite, YEUX A GAUCHE ; dès que le peloton est sur la ligne marquée, HALTE, puis il s'y place. Chacun des autres chefs de peloton reste, si l'on doit déployer à droite, à hauteur de l'homme de droite, si l'on veut déployer à gauche, à hauteur de l'homme de gauche, du peloton établi en avant de lui, laisse filer son peloton puis commande : A DROITE (A GAUCHE) — PAR LE FLANC, puis si l'on a déployé à droite YEUX A GAUCHE; il s'approche ensuite de la ligne indiquée, de façon à se trouver lui-même à un pas en avant de son homme d'aile, et le fait placer. Dans le déploiement à droite, l'officier chef de peloton se porte, avant [de commander halte, contre la file de droite du peloton établi à sa gauche, et de là, aligne son peloton de la gauche à la droite, à mesure qu'il se porte sur la ligne.

Le sous-officier de l'aile gauche, quand on déploie à droite, se retire sur l'alignement des serre-files, aussitôt que le chef de peloton a fait faire à gauche. Quand le déploiement est achevé, le chef de bataillon commande : SOUS-OFFICIERS — RENTREZ (*Unteroffiziere — zurück*). Si pendant le déploiement on a les yeux tournés à gauche, les sous-officiers rentrent au commandement de : YEUX DROITS.

Dans ce cas, comme dans tous les autres, on doit réunir dans le déploiement la rapidité et le bon ordre. Les têtes de peloton, qui doivent se porter en ligne à droite ou à gauche, doivent tout en marchant librement, rester alignées entre elles. L'attention qu'on donne à ce que les hommes arrivent successivement à sa hauteur ne doit pas faire modifier le pas de la tête. Chaque of-

ficier chef de peloton doit prendre l'espace que son
peloton occupe sur la ligne; aussi, doit-il bien s'exercer pendant la marche à le juger exactement des
yeux. Les hommes doivent être accoutumés dès
qu'ils ont fait par le flanc, pour se diriger sur la
ligne où ils s'aligneront, à se tenir coude à coude,
sans se serrer ni se heurter.

§ 94. (Suite). Déployer sur la queue.

Un bataillon en colonne serrée la droite en tête
peut, en cas de besoin, se déployer à droite; s'il
est la gauche en tête, se déployer à gauche, par
les moyens prescrits précédemment, sans qu'on
puisse de ce fait changer l'ordre des pelotons (§ 34)

Quand on voudra déployer à droite une colonne
la droite en tête, ou à gauche une colonne la gauche en tête, sans altérer l'ordre primitif des pelotons, on devra s'y prendre de la faço n suivante.

Le chef de bataillon fait l'avertissement : Dé-
PLOYEZ SUR LA QUEUE A DROITE (*Aus der Tiefe rechts
(links) deployirt*), puis fait ensuite les commandements prescrits aux paragraphes précédents.

Le peloton qui se trouve à la queue de la colonne reste immobile ; son chef commande pour
déployer à droite, YEUX A GAUCHE, et se porte en avant
de son homme d'aile gauche, pendant que les autres pelotons font à droite (à gauche). Lorsque le
front de ce premier est libre, au commandement de

son chef : Marche, il se porte en avant, contre les sous-officiers laissés par le peloton de la tête pour marquer la ligne. Le mouvement se continue de la même façon ; chaque chef de peloton, dès que son peloton a démasqué ceux qui sont déjà dans la direction, commande : Halte — front ; puis si l'on déploie à droite, Yeux — a gauche, et dès qu'il a été démasqué, Marche. Quant au reste, tous les principes donnés pour le déploiement des colonnes serrées conservent leur valeur.

Enfin, si l'on veut faire déployer une colonne sur quelque autre peloton, on indiquera d'abord comme avertissement : Le N^e peloton reste immobile (*Der N*^{te} *Zug bleibt stehen*) pour le peloton sur lequel le déploiement devra se faire ; puis l'on commande A droite et a gauche déployez (*Rechts und links deployirt*) A droite et a gauche — par le flanc — marche (*Rechts und links — um — Marsch*). Après quoi, le peloton désigné se porte sur l'alignement tracé par le peloton de la tête.

§ 93. Déployer et former en bataille la colonne d'attaque.

Un bataillon en colonne d'attaque se déploie en faisant faire en même temps à droite aux pelotons qui sont avant le drapeau, et à gauche à ceux qui sont après.

Le bataillon étant de pied ferme, le chef de ba-

taillon commandera : Déployez a droite et a gauche — par le flanc — marche (*Rechts und links
deployirt — Rechts und links — um — Marsch*).

Le porte-drapeau sort un pas et fait face à droite.
Les sous-officiers des ailes extérieures des deux
pelotons de la tête qui restent immobiles, se portent tous deux à la même distance en dehors du
front que le drapeau, et lui font face, afin de donner la direction aux sous-officiers d'aile qui se placeront successivement sur la ligne, face au drapeau.

Le déploiement achevé, le chef de bataillon
commande : Yeux — droits ce qui ne s'applique
qu'aux deux compagnies placées avant le drapeau.
Là-dessus, les sous-officiers rentrent.

Le déploiement peut encore au commandement
de : Déployez — marche, marche s'exécuter au pas
de course (§ 83, c.); alors les sous-officiers d'aile ne
sortent pas, et les pelotons se rendent à leur place
par le chemin le plus court et sans autre comman-
ment de leurs chefs.

Quand un bataillon formé en colonne d'attaque
doit se déployer en marchant, cela se fait au pas de
course, sur le commandement du chef de bataillon
de : A droite et a gauche en bataille — Marche,
marche (*Rechts, und links marschirt auf — Marsch,
Marsch*). Le drapeau et les sous-officiers qui l'accompagnent ne sortent pas pour tracer la ligne de
bataille. Les pelotons qui sont derrière, prennent,

sans commandement ultérieur de leur chef, la marche oblique, et une fois arrivés à leur place, la direction, le tact des coudes et le pas des pelotons de la tête (§ 61). Le drapeau sort aussitôt à huit pas en avant du bataillon, pour la marche en bataille.

Les pelotons de tirailleurs se retirent dans le déploiement de pied ferme ou en marchant, et sur le commandement de leurs chefs respectifs, mais sans commandement particulier, à la place qui leur a été indiquée (§ 55).

§ 96. (Suite). Déployer en bataille une colonne d'attaque sur la queue (1).

Une colonne d'attaque peut, par le moyen indiqué ci-dessus, être facilement déployée pour se former en bataille de tous côtés, pourvu qu'on ait, avant de la déployer, exécuté la conversion, ou qu'on ait changé la direction de marche de la colonne, de la façon convenable.

Mais on peut aussi déployer la colonne d'attaque sur un des pelotons de queue. Au commandement du chef de bataillon : SUR LA QUEUE, A DROITE (A GAUCHE) DÉPLOYEZ — A DROITE (A GAUCHE) PAR LE FLANC — MARCHE (*Aus der Tiefe Rechts (links) deployirt — Rechts (links) um — Marsch*), le huitième

---

(1) Ceci ne fera pas l'objet d'un examen.

(le premier) peloton reste immobile. Les pelotons
de l'aile que cela concerne déploient sur la queue;
les autres déploient à la façon ordinaire. Le plus
ancien officier des deux pelotons de tête les commande tous deux, et avant de commander HALTE —
FRONT prononce comme avertissement : QUATRIÈME
ET CINQUIÈME PELOTON.

§ 97. Étant en colonne de compagnie se reformer en bataille.

Le chef de bataillon désigne la compagnie sur
l'alignement de laquelle les colonnes de compagnie
doivent déployer, celle par conséquent qui doit
rester immobile et déployer de pied ferme. Les autres compagnies se portent par le chemin le plus
court au point qui leur est indiqué, et se déploient
de la manière la plus rapide sur l'alignement de la
compagnie restée immobile. Les pelotons de tirailleurs se portent auprès, à la place qui leur est assignée.

Si le bataillon doit se former sur trois rangs, le
chef de bataillon devra commander : FORMEZ LE
TROISIÈME RANG (*Das dritte Glied formirt*).

CHAPITRE XVI.

DU RASSEMBLEMENT.

§ 98. But du rassemblement.

Il se présente des cas où un ou plusieurs bataillons en ordre serré sont dispersés par rangs et par files. Cela peut arriver par exemple après un mouvement qu'on doit précipiter à cause de sa longue durée ; ainsi, après une charge à la baïonnette qui a réussi. Car il est particulièrement difficile à la guerre, de conserver complétement dans toutes les conjonctures l'ordre qui a été établi. L'adresse avec laquelle chaque homme saura reprendre promptement l'ordre primitif, constitue la plus importante partie de son instruction.

On doit prendre occasion de cela pour éprouver fréquemment cette adresse des hommes dans les marches et dans les bivouacs, après avoir fait disperser complétement le bataillon sur le lieu d'exercice, pour l'appeler par le signal des tambours (l'assemblée) ou des clairons (signal du rassemblement) à se former en rangs et en files.

§ 99. Exécution.

Le chef de bataillon détermine par le drapeau et

la **section** restée en ordre serré avec lui et qui porte l'arme, la direction de la ligne sur laquelle il veut former le bataillon. Il fait ensuite donner le signal du rassemblement, auquel la troupe se forme aussitôt en colonne d'attaque, à quart de distance de peloton, à moins qu'on n'en ait ordonné autrement. Au signal même, les hommes se rendent vite, au pas de course, à leur place, pour former de suite leur peloton. Tout tumulte, cri ou appel est interdit pendant ce temps. Tant qu'ils courent, les hommes ont l'arme sur l'épaule, mais dès qu'ils s'approchent du drapeau et du point de rassemblement, ils vont au pas et portent l'arme.

Dans le rassemblement, on se forme toujours sur deux rangs. La place des tambours et clairons est en arrière du drapeau, à une distance variable, qui leur est indiquée par le chef de bataillon, suivant que le bataillon doit se rassembler en colonne, ou qu'exceptionnellement il doit sur un ordre donné se rassembler en bataille.

TITRE IV.

DU COMBAT DU BATAILLON, AVEC CONSIDÉRATIONS PARTICULIÈRES SUR LA DESTINATION DU TROISIÈME RANG, ET L'EMPLOI DE LA COLONNE DE COMPAGNIE.

CHAPITRE XVII.

INSTRUCTION DU SOLDAT ET DE LA TROUPE POUR LE COMBAT DE TIRAILLEURS. CONDUITE DES OFFICIERS ET DES SOUS-OFFICIERS.

§ 100. Choix des hommes.

Bien que tout soldat d'infanterie doive être instruit au combat de tirailleurs, on doit surtout employer de préférence pour ce service les bataillons de chasseurs, les bataillons de fusiliers, et le troisième rang du reste de l'infanterie.

Il s'ensuit que les hommes de ces fractions devront, autant que possible, réunir les aptitudes physiques et intellectuelles nécessaires.

Le tirailleur est, dans la plupart des cas, abandonné à lui-même, et les formes prescrites pour le combat en ordre serré peuvent bien ne pas être très-nécessaires pour lui. Il se trouvera souvent dans le cas de prendre lui-même une résolution. Il doit posséder du jugement, de la ruse, de l'adresse, un corps souple et de la confiance en soi, mais par-dessus tout, de l'habileté à tirer parti de son arme.

§ 101. Instruction individuelle du tirailleur.

Il résulte de ce qui précède, que les qualités requises se trouveront rarement réunies chez un homme. La principale obligation que devront se proposer toutes les recommandations relatives à l'instruction du tirailleur sera de les accroître, car, outre son adresse à se servir de ses armes et son agilité de corps, il doit encore être pourvu de jugement et plein de confiance en soi-même, qualité sans laquelle on ne peut rien entreprendre à la guerre.

Le tirailleur doit être libre et dégagé ; on ne doit pas l'assujettir à trop de régularité dans l'alignement, dans la position du corps et de l'arme, l'exécution des mouvements, etc...

On doit lui montrer comment un arbre isolé, un fossé, une clôture, un mur ou tout autre accident, souvent une élévation ou une dépression du sol tout à fait insignifiante, peut cependant être mise à profit par lui, pour se couvrir du feu de l'ennemi, appuyer son arme dessus ou contre, de façon à obtenir un tir plus précis et le couvrir pendant que, couché, à genoux ou debout, il recharge son arme. On doit surtout lui faire remarquer les avantages que la configuration du sol lui offre pour se dérober, pendant ses mouvements, au feu de l'ennemi. Mais il importe que le soin qu'il prend de se dérober ne soit pas poussé si loin qu'il lui fasse perdre de vue le but principal du combat, la destruction de l'ennemi. Le tirailleur devra encore faire attention dans les mouvements de la ligne de tirailleurs, aux obstacles qui couvrent les hommes voisins, et aussi, que les obstacles qui le déroberaient aux vues de l'ennemi sans le garantir de ses projectiles, ne méritent pas ce nom. On rendra cette instruction plus simple et plus compréhensible en opposant de petits détachements les uns aux autres.

Le tirailleur doit être bien pénétré de ceci, à savoir : que même en plaine, il est supérieur au cavalier isolé; il ne doit même pas appréhender le combat contre plusieurs, s'il garde son calme et sa présence d'esprit, s'il charge son arme dès qu'il a tiré, sans perdre des yeux son adversaire. Dans le combat corps à corps, il devra chercher à se placer à la gauche du cavalier (à la droite du hulan) et à se servir de sa baïonnette.

§ 102. Déployer une troupe en ligne de tirailleurs et l'aligner.

Le sujet traité dans ce paragraphe et les cinq qui suivent l'ont déjà été, au moins quant aux formes pures, aux paragraphes 36 à 41. Il est pourtant utile d'ajouter quelques remarques.

On ne doit déployer de nouveau des tirailleurs pour le combat en ordre dispersé, que si le terrain et les forces de l'ennemi le rendent nécessaire; que si l'on veut amener une décision rapide. Une ligne de tirailleurs est bien placée quand chaque homme individuellement tire de la configuration du sol le plus d'avantages, qu'il occupe dans l'ensemble les points les plus favorables pour l'efficacité des feux, et que les intervalles qui pourraient se trouver dégarnis ou trop peu protégés sont, autant que possible, sous l'action des feux croisés partant des autres points. Dans les longues lignes de tirailleurs dont les ailes ne sont pas couvertes par d'autres troupes ou des obstacles naturels, il sera nécessaire d'envoyer quelques hommes avec un chef circonspect, pour observer les flancs et leurs abords, ou de placer en arrière de l'aile quelques détaehements comme échelons pour soutien des ailes.

Une ligne de tirailleurs dans un terrain libre et découvert ne doit pas tenir trop strictement à conserver l'alignement, mais cherchera à se couvrir

des plus minces obstacles que présente le sol.
Quand la ligne se compose de plusieurs pelotons,
on en charge un de l'alignement. Dans les terrains
où la vue est bornée, chaque officier doit garder un
peloton rassemblé autant que possible, et dans sa
main, le diriger suivant les circonstances, sans
jamais perdre ses communications, et se conformer
à l'ensemble des mouvements.

§ 103. **Feu d'une ligne de tirailleurs.**

Le tirailleur ne doit pas s'attacher à tirer beaucoup, mais juste. Sur des hommes isolés, il ne devra
pas le faire au delà de 300 pas (240 mètres) et sur
les buts plus grands, comme colonnes, artillerie,
au delà de 600 pas (480 mètres). Il ne doit tirer que
s'il croit pouvoir atteindre quelque chose, et choisit
pour but principalement les officiers ennemis, et
tout ce qui est apparent, ou à de plus grandes distances, des troupes serrées

Pendant les mouvements, surtout quand on doit
les exécuter rapidement, on veille à la sécurité des
tirailleurs en les groupant par deux, à l'avertissement des officiers et sous-officiers, surtout s'ils ont
un but présentant beaucoup de surface, et facile à atteindre, ou si l'on doit tenir compte d'autres considérations.

Le précepte de joindre en un groupe les deux

hommes d'une file, procure de la sécurité contre les surprises, pour traverser un bois, un village, etc., mais ces deux hommes ne devront pas s'attacher à tirer alternativement, car il n'est pas rare que l'un d'eux, couvert par exemple par un obstacle de terrain, ne le puisse pas faire avec quelque utilité.

§ 104. Mouvements d'une ligne de tirailleurs.

La règle générale que les mouvements d'une ligne de tirailleurs doivent se faire d'un pas rapide mais sans courir, ne souffre d'exception que dans des cas rares.

Si une ligne de tirailleurs doit, pour aller d'un accident du terrain à un autre, parcourir un terrain découvert, sous le feu de l'ennemi, on le devra faire d'un mouvement très-rapide. Si une ligne de tirailleurs ne peut pas s'approcher de la position ennemie autrement qu'en parcourant un terrain tout à fait découvert; si les circonstances ne permettent pas d'étreindre le flanc de l'ennemi, mais seulement de l'occuper sur son front, on devra éviter le combat par les feux, et tenter, en renforçant le plus possible la ligne de tirailleurs, d'enlever, par une brusque attaque, l'ennemi.

Dans une semblable attaque de tirailleurs, les hommes ou les groupes doivent se porter droit devant eux, de façon à n'offrir à l'ennemi qu'une ligne peu serrée. Dans le cas contraire, leurs chefs leur

désigneront un ou plusieurs points de la ligne ennemie, où ils doivent chercher à se réunir dans leur
mouvement en avant. Ils parcourent en ordre dispersé le terrain exposé au feu de l'ennemi, et se
réunissent en plus ou moins de subdivisions serrées,
toutes les fois que, sur l'ordre immédiat de leur
chef, ils se sont déployés en face de l'ennemi dans
cette intention, ou quand les soutiens de l'ennemi
marchent sur eux.

Le rassemblement contre la cavalerie se fait
aussi au pas de course, mais sur le soutien (en
masquant le moins possible ses feux) dans le cas
seulement où il sera encore possible de l'atteindre
sûrement. On le fait d'ordinaire en noyau et en ti-
rant parti du terrain.

Même alors, les tirailleurs devront surtout compter sur l'efficacité de leur feu.

Quand elle protége une retraite, la ligne de tirailleurs ne doit pas tenir trop longtemps, car elle serait exposée à se trouver à de grandes distances en
face de corps de troupes en ordre serré ; elle devra
surtout avoir pour règle de se conformer au mouvement. Quand on arrive, en attaquant, au bord d'un
obstacle du terrain (village, bouquet de bois), la ligne de tirailleurs devra aussitôt chercher à le gagner pour en tirer protection de son côté. Or on s'é-
tablit d'ordinaire solidement dans ces endroits, et
l'adversaire n'en pourra être chassé, dans la plupart
des cas, que par un feu violent.

Dans tous les mouvements, le tirailleur doit toujours être attentif aux commandements ou signaux des officiers ou sous-officiers.

On autorise les officiers à se servir d'un petit sifflet pour leur permettre, aux divers moments du combat individuel, d'avoir un signal qui fixe l'attention de leurs hommes quand ils veulent les rappeler ou exécuter un mouvement. Mais on devra formellement interdire d'avoir une série de signaux convenus au sifflet.

§ 105. Renforcer, allonger, diminuer et relever une ligne de tirailleurs.

Il n'est pas convenable de renforcer immédiatement une ligne de tirailleurs en y intercalant de nouvelles subdivisions ou de nouvelles files, cela entraîne pour la suite l'inconvénient que les hommes des diverses subdivisions se mêlent, et que la communication des ordres et l'exécution des principes habituels en sont rendues plus difficiles. Chaque fois donc qu'on devra pousser simultanément devant l'ennemi deux *lignes de tirailleurs,* on aura soin que les subdivisions de renfort soient complétement entrées en ligne.

Dans l'attaque, l'allongement de la ligne des tirailleurs pourra permettre d'entourer l'ennemi, et grâce à cette protection, d'envoyer sur le flanc de l'ennemi des détachements qui pourront former là une nouvelle ligne de défense, dont l'effet sera bien plus puissant que si elle avait servi seulement à augmenter celui de la ligne déjà établie de front.

Dans la défensive, on cherchera de même à allonger la ligne de tirailleurs pour prendre position sur le flanc de l'ennemi, et pour renforcer les points principaux, ce qui importe bien plus à la défense que de renforcer toute la ligne des feux.

Une ligne de tirailleurs déployée ou combattant en se retirant, ne doit pas être renforcée par une troupe fraîche allant à elle. La troupe désignée pour la relever doit être placée en arrière, ou à la fois en arrière et de flanc, sur le mouvement de terrain choisi. La ligne qui se retire peut s'arrêter à la hauteur des autres subdivisions, ou bien les dépasser pour aller prendre, en tournant autour, une nouvelle position ; elle peut aussi se rassembler pour servir comme troupe de soutien.

§ 106. Conduite de la troupe de soutien.

La troupe de soutien doit être assez près de la ligne de tirailleurs pour pouvoir lui porter rapidement secours ; elle doit pourtant rester en dehors de la zone dangereuse du feu ennemi. Quand cette dernière condition n'est pas remplie, on devra la déployer en tirailleurs ou en une colonne offrant peu de profondeur, pour avoir le moins de pertes possibles ; le cas échéant, on se protégera en se mettant à genoux ou couché.

Il ne saurait être question de déterminer en pas la distance que la troupe de soutien doit avoir de la ligne des tirailleurs, mais on doit s'en rapporter au savoir du chef pour la déterminer. Si la troupe à une distance plus ou moins grande de la ligne des tirailleurs vient à se trouver plus près du milieu ou de l'une des ailes, c'est sans importance. Ce ne sera qu'une raison déterminée, par exemple, la formation que pourra prendre la troupe, qui pourra rendre nécessaire de la placer sans s'inquiéter qu'elle soit couverte.

D'ordinaire, on n'emploie pas toute la troupe, mais seulement des sections isolées pour soutien de la ligne des tirailleurs.

§ 107. Rassembler les tirailleurs.

Il est partout et toujours nécessaire de rassembler les tirailleurs quand on n'en a plus besoin, ou si l'on n'en a besoin qu'en moindre nombre.

Au contraire, les tirailleurs repoussés se replient en ordre déployé sur la troupe de soutien qui les recueille, et tous ensemble, s'il est nécessaire, se retirent sur la compagnie ou le bataillon. Ce n'est que dans le cas où le terrain permet à l'ennemi de se servir de sa cavalerie que l'on se rassemblera à la hâte en masses irrégulières devant des charges inopinées; dans toutes les autres circonstances, ce sera régulièrement.

§ 108. Conduite des officiers et sous-officiers.

Suivant la part plus ou moins décisive qui revient aux tirailleurs dans le combat, suivant que la difficulté de conduire de plus forts groupes de combattants le rend nécessaire, il devient plus important que chaque homme ait été bien instruit; mais il l'est bien davantage encore que chaque officier, même chaque sous-officier ait acquis une claire compréhension du combat de tirailleurs, et de l'habileté à juger et à tirer parti des diverses circonstances qu'offrira le terrain, ainsi que des convenances de chaque cas particulier.

Les officiers et sous-officiers devront donc, en conservant en mains leurs troupes, s'efforcer tout particulièrement de diriger leurs feux. Ils donnent la distance et la hausse; ils indiquent la direction et l'intensité du tir. Ils ont soin que les hommes soient économes de leurs munitions, mais aussi leur indiquent *les points et les moments auxquels il est justifié d'augmenter la consommation des cartouches.*

Tous les chefs de tirailleurs ont toujours sous les yeux l'ennemi et la configuration du sol, pour juger la façon dont la ligne de tirailleurs ou au moins une partie peut être conduite plus près de l'ennemi, si l'on peut diriger contre lui une attaque de flanc, tirer parti d'un point faible, ou si, en se réunissant ou en concentrant le feu sur un point particulier de la position ennemie, on pourra en arriver à une attaque vive et imprévue, qui permette de rompre ou d'enfoncer la position ennemie, et d'obtenir de grands résultats.

Dans la défensive, ils déterminent les divers points et l'étendue de leur ligne, d'après leur plus ou moins de forces, en cherchant à tirer le plus possible, parti des ressources que peut présenter le terrain.

Ils s'attachent de plus à faire conserver dans les mouvements des tirailleurs en avant ou en arrière, le plus grand silence, et portent aussi leur attention à ce que les diverses parties de la ligne soient toujours en communication, sans être pour cela exigeants sur l'alignement ou les distances.

Quant aux concentrations, la ligne de tirailleurs ne devra en exécuter que si l'on doit arriver au combat par le chemin le plus court. Si l'on est en retard pour l'exécution, on devra déjà hésiter à les employer. On devra voir, où et comment les exécuter, car faites sans rompre la liaison que les diverses subdivisions doivent conserver entre elles, elles peuvent amener les plus grands résultats.

CHAPITRE XVIII

DU COMBAT DU BATAILLON, DE L'EMPLOI DU TROISIÈME RANG ET GÉNÉRALITÉS SUR LA COLONNE DE COMPAGNIE.

§ 109. Introduction.

L'infanterie doit pouvoir combattre en terrain découvert ou couvert, contre une troupe en tirailleurs ou en ordre serré. Par suite, ses diverses fractions devront être instruites en vue de ces deux manières de combattre, quoique le troisième rang soit plus particulièrement destiné que le premier ou le deuxième, au combat en ordre dispersé.

Les subdivisions, en ordre serré doivent attacher la plus grande importance à conserver la troupe en rangs et en files, et avec le plus de cohésion possible, pour les feux d'ensemble et l'attaque à la baïonnette ; mais quand elles combattent en ordre dispersé, leur force consiste surtout dans l'adresse des hommes à tirer et à savoir bien employer le terrain.

La possibilité de pouvoir concentrer *l'action des feux* sur des points particuliers pendant de courts intervalles de temps leur donne le caractère
fensive.

Elle peut aussi, suivant les circonstances, être tout à fait anéantissante, par conséquent *décisive par elle-même;* en tout cas, elle facilitera singulièrement l'attaque qui suivrait.

Si l'on est réduit à la défensive, on devra avoir surtout attention à ce que la première ligne éloignée et sans consistance, puisse être secourue convenablement, et cela d'autant mieux, que l'expérience montre que les plus grandes pertes suivent les retraites, quand l'assaillant ayant conquis la ligne et s'y étant établi peut tirer sans être inquiété.

C'est ce qui fait que dans la plupart des cas, l'occupation de points très-avancés n'offre que peu d'avantages pour la défense, et qu'il est préférable de ne disposer des troupes qu'on peut employer défensivement, qu'à occuper la ligne de défense même, ou même seulement les points qui sont importants au point de vue de sa possession.

Sous le rapport de l'ensemble de la direction des feux, on devra surtout s'attacher *à concentrer leur action sur les points décisifs pendant de courts intervalles de temps.*

Notre infanterie bien exercée au tir peut repousser par ses feux toute attaque de front de l'ennemi même la plus audacieuse.

Les pertes seraient si considérables que son moral en recevrait la plus profonde atteinte, et qu'on ne pourrait obtenir que bien difficilement de la même troupe, qu'elle recommence cette entreprise.

On doit donner cette conviction à l'infanterie et l'y affermir, à savoir : qu'une infanterie peut se dire invincible tant qu'elle fait face à l'ennemi, et qu'elle ne peut avoir à craindre que si elle tourne le dos.

Une infanterie dont les flancs sont couverts, qui ne prend pas garde aux pertes des feux éloignés, et oppose aux attaques impétueuses de l'ennemi des feux de salve exécutés de sang-froid est invincible. Les armes blanches de son adversaire ne pourront rien contre elle, et même si le fusil de ce dernier est aussi bon, il aura toujours contre lui le désavantage de l'homme qui l'emploie en marchant sur celui qui le fait étant en repos.

La sécurité des flancs acquiert donc par là une grande importance, et cela d'autant plus que l'on aura été obligé d'éloigner davantage les soutiens de la première ligne.

Sur le terrain d'exercice, on ne sera pas tenu d'observer strictement quant aux intervalles et au temps, les profondeurs ; mais sur le terrain, on devra l'exiger toujours, et l'on devra commander à ce sujet à chaque officier une entière clarté.

§ 110. Formation des pelotons du troisième rang.

Pour combiner les deux manières de combattre, en tirailleurs et en ordre serré, il est nécessaire de former avec le troisième rang, les pelotons de tirailleurs.

Le deuxième et le troisième titre renferment les prescriptions nécessaires pour cela.

§ 111. Place et emploi des pelotons de tirailleurs du bataillon.

On ne saurait donner d'instruction s'appliquant à tous les cas, au sujet de la place que doivent occuper les tirailleurs du bataillon ; du reste, cela ne pourrait servir qu'à gêner l'initiative de son chef, auquel on doit complétement s'en remettre pour employer les divers moyens s'appliquant à chaque circonstance, de façon à pouvoir remplir plus facilement le but qu'il a en vue.

Néanmoins, on devra poser comme principe général que *les tirailleurs doivent toujours être appuyés par la compagnie à laquelle ils appartiennent.* Ce principe peut déjà trouver son application sur le terrain d'exercice, mais ce sera surtout dans les terrains couverts et coupés que son application acquerra le plus d'importance.

Une compagnie détachée du bataillon emmène avec elle son peloton de tirailleurs, et le détachement de plusieurs pelotons de tirailleurs ne devra jamais avoir lieu sans celui de leurs compagnie.

§ 112. Sur le combat de tirailleurs et sa combinaison avec celui en ordre serré.

Quoique les pelotons de tirailleurs soient spécialement destinés au combat en ordre dispersé, cela n'infirme en rien le principe que tout soldat d'infanterie doit le connaître.

La relation réciproque, continue et intime qu'on doit maintenir entre les tirailleurs et les subdivisions restées en ordre serré est telle, qu'il n'est guère possible de faire mouvoir l'un sans voir aussi ce qui en adviendra pour l'autre.

Le commandant d'un bataillon devra avoir égard dans le combat autant à la configuration du terrain qu'à son rôle d'assaillant ou de défenseur. Il n'est pas rare, c'est même l'ordinaire, qu'il ait le choix des moyens quant au but particulier qui lui a été assigné pour sa part. Or ces considérations et d'autres qu'on pourra lui communiquer, devront nécessairement avoir leur influence tant sur les moyens et la façon dont il pensera conduire le combat, que sur la formation à prendre, et pourront suivant les circonstances lui faire modifier les prescriptions qu'il fera aussi bien à ceux qui combattent en ordre dispersé qu'aux subdivisions qu'il aura conservées en ordre serré.

§ 113. (Suite.)

Il peut se présenter pendant le cours d'un combat encore incertain, ou lorsqu'on est surpris à l'improviste par l'ennemi, qu'une troupe en ordre serré, en colonne d'attaque ou en bataille, soit amenée à s'étendre d'elle-même, sans faire usage du combat en ordre dispersé.

Elle devra, dans cette forme, avoir une formation appropriée, et dans toutes ses parties être bien et sûrement dans la main de son chef.

Mais dans les hypothèses que nous avons vues ci-dessus, un bataillon aura souvent occasion, si par exemple il s'occupe de se couvrir soi-même contre le feu de faibles détachements ennemis, tout en gardant pour l'ensemble l'ordre serré, de déployer quelques tirailleurs. Dans çe cas, il sera indifférent de se servir des formes prescrites aux titres II et III pour déployer les tirailleurs du bataillon. L'emploi ultérieur du bataillon demeure ainsi réservé, sans qu'on puisse préjuger qu'il doive être employé tout ensemble, ou en colonnes de compagnie. Un déploiement trop hâtif du bataillon aurait pour conséquence d'entraîner de grandes difficultés pour sa direction ultérieure, si certaines circonstances imprévues se produisent, ainsi, si l'on doit l'employer d'un autre côté.

En attendant, dans un combat d'infanterie, la

première ligne doit dans la plupart des cas avoir pour unité le bataillon, qui se fractionne en subdivisions.

L'emploi de la colonne de compagnie est posé en principe pour la conduite d'un combat de tirailleurs prolongé.

Les diverses alternatives de combat qui peuvent se présenter, et les diverses dispositions et formations qui, par suite, conviennent pour chaque cas particulier, diffèrent tellement qu'on ne peut donner de principes pour la conduite à tenir ou les formations à employer, qui s'appliquent à tous les cas.

Les aperçus donnés ci-dessous ne doivent servir qu'à caractériser la conduite à tenir pendant le cours régulier du combat, et les formations indiquées à cet effet § 114, servent en même temps à montrer comment les troupes doivent être instruites en vue du combat. Une réglementation ultérieure ou un modèle-type n'est par suite pas admissible. On aura donc, sans pouvoir rechercher tous les cas qui sont supposables, à choisir parmi ceux qui sont le plus capables de donner des résultats, et sur lesquels il est le plus important de porter son attention quand on veut conserver la formation demandée pour le but à atteindre.

Quand l'infanterie doit marcher de front pour l'attaque, elle doit, dans la plupart des cas, chercher d'abord à dominer les feux ennemis, et dans ce but elle devra lancer d'avance des détachements qui devront tirer en s'approchant de l'ennemi à bonne distance.

Pour l'exécution d'un plan déterminé, on doit d'abord disposer de forces suffisantes, car une entreprise échouée, outre qu'elle cause des pertes inutiles, diminue la valeur morale des troupes.

Les détachements qu'on fait avancer pour combattre le feu de l'ennemi doivent chercher leur principale aide dans leur habileté à tirer parti du terrain, et ils doivent trouver même dans un terrain partout découvert et qui semble complétement plat, une ondulation insignifiante, mais qui suffit pour couvrir des tirailleurs couchés, et même des subdivisions en ordre serré.

Les chefs des détachements de la tête embrassent le plus loin et le mieux possible les accidents de terrain les plus voisins, pour s'en emparer et s'en servir dès qu'ils sont engagés avec l'ennemi sous leur propre responsabilité.

Si l'infanterie ennemie montre par son attitude dans quelque position qu'elle est ébranlée, la ligne des tirailleurs s'en approche autant que possible, et les soutiens, jusque-là à couvert, y font une attaque impétueuse et concentrique. Pendant ce temps, les officiers s'efforcent de les réunir là en subdivisions serrées, pour avoir vite sous la main de quoi opposer aux retours offensifs de l'ennemi.

Cependant les troupes qui se trouvent fort en arrière suivent rapidement, pour attirer sur elles, pendant l'attaque, le feu éloigné de l'ennemi, et son attention, pour gagner aussi de leur côté du terrain, et pour venir à bout par la masse de leurs feux ou par une attaque à la baïonnette, des masses considérables de l'ennemi qui pourraient survenir. En même temps, les troupes engagées tout d'abord, concourent, en conservant leur action indépendante de celle des corps plus nombreux.

Dans la défensive, l'infanterie aura à tirer le plus grand parti des circonstances du terrain. Elles seront particulièrement favorables s'il offre en avant un champ libre de tir que l'attaque ennemie devra parcourir et en même temps un abri pour les troupes.

L'infanterie sera du reste souvent obligée de faire cet abri avec ses ressources propres; elle devra alors prendre garde de se créer des obstacles à un mouvement en avant ultérieur, ce qui ne sera pas difficile quand on n'aura qu'à abriter des troupes couchées. Cela a autant d'importance pour les tirailleurs destinés à conduire le combat de feux que pour les troupes maintenues en ordre serré, prêtes à venir à leur aide, et à repousser les attaques de l'ennemi par la masse de leurs feux ou une contre-attaque.

Quand cette attaque est repoussée et que l'on ne veut pas profiter de l'occasion pour gagner une autre position plus avancée, les tirailleurs et les soutiens restent dans leur position momentanée, et ne poursuivent l'ennemi que par des feux rapides, nourris.

Puis, sans ordre nouveau, toutes les subdivisions reprennent leurs positions primitives et rétablissent rapidement leur formation pour être en mesure de résister à une attaque nouvelle.

La force de l'infanterie portée à son plus haut point sur son front par la puissance de ses feux, appelle *l'attaque sur les flancs*, la partie la plus faible de la ligne de bataille. Ce danger se trouve surtout dans la défensive ; on y pare surtout par une formation profonde. Des troupes tenues en arrière, qu'on fait avancer obliquement sans qu'elles arrivent jamais à hauteur de la ligne même de combat, couvrent les flancs contre les attaques de flanc de l'ennemi. C'est surtout dans les terrains où la vue est bornée, qu'on devra conserver prêtes pour cet objet des subdivisions distinctes (compagnies, pelotons) peu en arrière des ailes de la ligne des feux, et couvertes autant que possible.

La formation profonde a autant de valeur pour l'attaque, où elle donne les moyens en renforçant nos propres ailes, d'agir en avançant contre celles de l'adversaire.

Partout où l'on pourra l'entreprendre, et surtout quand le terrain y sera favorable, on devra chercher en conséquence à déloger l'ennemi par une attaque de flanc, ou au moins à faciliter ainsi l'attaque qui se fait de front. Si une aile de l'ennemi est entourée, alors ceux qui combattent de front, atteints par les feux sur leurs flancs, peut-être même sur leurs derrières, pourront être facilement décidés à lâcher prise.

Dans un terrain coupé et couvert, les dispositions à employer seront surtout déterminées par ses particularitées qui seront utilisées différemment suivant qu'on se placera au point de vue de l'attaque ou de la défense.

Le combat en ordre dispersé sera alors à recommander encore plus, et les détachements en ordre serré ne joueront presque plus que le rôle de réserve. Ils devront chercher les moyens de s'approcher autant que possible des tirailleurs qui combattent, et doivent le plus souvent dans leurs mouvements se conformer à l'ensemble de ces tirailleurs.

Dans de telles conjonctures, l'attention des chefs de tout grade doit être surtout employée à conserver la liaison des divers points de la ligne entre eux, avec les soutiens et les réserves, et surtout à conserver la formation et la direction des troupes. Pour cela, il faut prévenir le pêle-mêle des hommes et des subdivisions des diverses fractions de troupes (compagnies, bataillons, etc...) lorsqu'on voit qu'il pourrait se produire.

Quand il devient nécessaire de faire secourir une troupe par une autre, on devra l'engager à côté de cette première, et on ne devra les mêler l'une l'autre que s'il pouvait y avoir de grands inconvénients à agir autrement.

§ 114. De la colonne de compagnie.

Les résultats de l'action des feux sont tels, qu'une unité tactique aussi profonde que la colonne de bataillon ne peut être conservée en ordre serré dans la zone de leur action. Le demi-bataillon même n'est pas encore convenable, malgré la diminution qu'il offre comme profondeur, à l'action du tir, et les avantages qu'offre sa grande mobilité. Cependant, les chefs de bataillon et autres chefs supérieurs ne devront jamais descendre, dans le fractionnement du bataillon, à une unité inférieure à celle que leur semblera nécessiter la direction, eu égard aux circonstances.

Tous les autres chefs subalternes, et particulièrement *les chefs de compagnie, devront avoir une attention particulière*, après avoir accompli leur mission, *à venir reprendre rapidement leur place dans le bataillon ; les chefs supérieurs*, de leur côté, *auront surtout à veiller à ce que leurs troupes leur restent toujours bien en main*. D'autre part, on peut tirer les meilleurs effets dans l'emploi de la colonne de compagnie, de la souplesse et de l'indépendance que les chefs de compagnie peuvent donner à leur direction.

Un bataillon doit pouvoir se déployer rapidement et sûrement sur chacun de ses flancs, en colonne de compagnie, sur un ordre bref de son commandant ;

il doit pouvoir se rassembler de même. Les capitaines conduisent par le chemin le plus court leurs compagnies à la distance qui leur est assignée, et y prennent la formation commandée par les circonstances. Le bataillon sera donc bien exercé quand sur un ordre bref de son chef les chefs de compagnie exécuteront simultanément chacun sa tâche, sans perdre de vue l'unité de la direction.

Il n'est pas opportun de prescrire des formes déterminées pour tous les moyens différents de déployer en colonne de compagnie. Nous allons pourtant indiquer quelques formations qui peuvent être surtout employées dans le cas de réunion de plusieurs bataillons.

Un demi-bataillon qui a fait avancer son premier et son quatrième peloton, et qui a occasion d'employer plus de forces au combat de tirailleurs, fait suivre en principe, comme *avant-ligne*, ses tirailleurs, des compagnies des ailes auxquelles ils appartiennent, tandis que les deux autres compagnies rassemblées en demi-bataillon sont conservées en arrière comme *ligne principale*.

On peut avec facilité prendre une pareille formation quand on se trouve en n'importe quel ordre de combat ; elle rend le bataillon apte à lutter dans l'attaque comme dnas la défense, et s'exécute comme nous avons indiqué dans les paragraphes précédents. Elle donne de la profondeur à toute la formation, et donne moyen grâce aux deux compa-

gnies tenues en avant, de déployer une forte ligne
de tirailleurs, tandis que le demi-bataillon formé des
deux compagnies restantes demeure en réserve.

En face de l'ennemi, les distances se déterminent
suivant les manœuvres, et principalement suivant
le terrain et ses particularités. Mais sur le terrain
d'exercice, voici celles qu'on prendra ordinairement : l'avant-ligne à cent cinquante pas en avant
de la ligne principale ; cent pas plus en avant,
les troupes de soutien dans le cas où il y en aurait ;
cent cinquante pas encore en avant, la ligne des tirailleurs, de sorte que l'éloignement de cette ligne
à la ligne principale soit de quatre cents pas.

Les deux compagnies qu'on a fait porter en avant
se tiennent à hauteur des points où seraient les
deuxième et septième pelotons, dans le bataillon déployé en bataille, et les tirailleurs en avant d'elles
se trouvent comme nous avons prescrit (ζ 56).

Si l'on veut ayant une telle formation en venir à
une lutte décisive par une attaque à la baïonnette,
elle ne pourra être entreprise tout d'abord que par
les compagnies conduites en avant, ou par le demi-
bataillon, auquel en principe, les compagnies portées en avant se joignent. Cela peut se faire de
cette façon : tandis qu'elles s'engagent, dès que le
demi-bataillon arrive à leur hauteur, ou avant
qu'elles s'engagent, elles se dirigent sur les flancs
de l'ennemi, pour chercher à l'entourer, ou, tandis
qu'elles demeurent un peu en arrière, elles forment

les échelons qui protégent les flancs du demi-bataillon. Il se comprend de soi que, suivant les circonstances il peut être nécessaire d'employer les deux autres compagnies de diverses façons. Les tirailleurs déployés peuvent sur les deux flancs de leur compagnie coopérer à l'attaque. Dans le cas où les intervalles ne seraient pas suffisamment garnis, le demi-bataillon peut encore placer dans chacun un peloton entier ou un demi-peloton.

La colonne de compagnie offre souvent le moyen *de diminuer l'effet produit par le feu de l'ennemi*, les compagnies de pied ferme comme en marche, trouvant plus facilement et plus complétement que le bataillon réuni à se couvrir. En ordre serré, en bataille ou en colonne, en se couchant sur le sol, la moindre inégalité du terrain peut leur offrir une protection contre le feu ennemi auquel elles n'offrent qu'une faible prise, sans qu'il leur soit moins aisé de reprendre rapidement la formation réclamée par les nécessités de la lutte.

Pareillement, quand des bataillons entiers devront marcher en avant ou en retraite, principalement sous le feu de l'artillerie, il sera avantageux d'employer la formation en colonnes de compagnie, en faisant marcher assez près les unes des autres les compagnies en colonne (par front de peloton, demi-peloton ou section), pour qu'elles puissent rapidement se reformer en ligne ou former, en se rassemblant, **la colonne d'attaque.**

Dans bien des alternatives de la lutte, surtout quand après s'être déployé pour le combat de feux, on est arrivé au point d'être relevé, et *qu'on voudra replacer vite les troupes dans les mains de leurs chefs*, ou si elles ont été éprouvées et qu'on veuille relever leur moral, l'emploi de la colonne de compagnie sera tout à fait convenable pour en fournir les moyens.

Si, par exemple, un bataillon déployé en bataille a fait demi-tour et qu'il marche en retraite, il y a bien des cas où il sera convenable de former les colonnes de compagnie pour marcher dans cet ordre jusqu'à ce qu'on soit sorti de la zone dangereuse du feu de l'ennemi, auquel moment on reprendra la formation en colonne d'attaque.

Pour éviter de faire raccourcir les compagnies du centre, on peut encore par exception former les compagnies des ailes en arrière d'elles; elles pourront donc se placer en arrière de la ligne ou sur ses ailes.

Par l'emploi de la colonne de compagnie, un bataillon combattant seul se trouve le mieux en main, et remplit cette condition de la lutte, *qu'il est nécessaire de ne pas employer plus de forces que ne le demande le but du combat.*

Ainsi, on pourra, par exemple, ne commencer le combat qu'avec une compagnie, dont un peloton ou une fraction seulement pourrait être déployée. A-t-on reconnu où il convient le mieux d'attaquer l'adversaire, ou bien le point où il dirige son attaque, on pourra déployer une seconde compagnie à côté de celle qui l'est déjà, pour renforcer le front des feux, attaquer le flanc de l'ennemi pour l'envelopper ou former des échelons pour mieux protéger son propre flanc.

Au cours du combat, s'il devient nécessaire de déployer une troisième compagnie, on le fera du même côté que la précédente, ou d'un autre. Quand l'ennemi est ébranlé par un combat de feux ou qu'on a conquis pendant ce temps quelques points favorables d'où l'on pourra lancer une attaque plus importante, il pourra devenir utile de faire avancer une quatrième compagnie pour exécuter quelque chose de définitif. Mais sur la défensive, si l'on ne dispose pas d'autres réserves, on devra la conserver aussi longtemps qu'on pourra, pour éviter que l'adversaire n'aille réussir à repousser l'effort décisif.

Les colonnes de compagnie ne craignent pas non plus la cavalerie, même en terrain découvert, si elles ne sont pas trop éloignées les unes des autres, pour qu'il ne soit manifeste qu'il soit nécessaire de se hâter de rassembler le bataillon. Car dans la plupart des cas on n'obtiendrait bien visiblement au combat, qu'un résultat, à savoir : d'offrir au tir de l'ennemi un objectif qu'il serait enchanté de saisir. Les chefs de compagnie auront donc en pareille occurrence à porter la plus grande attention à faire conserver le calme et le bon ordre, comme à se préter un appui réciproque; on obtiendra par là que la cavalerie ne pourra atteindre notre flanc dépourvu de feux, ce qui lui permettrait de nous entourer, sans avoir à recevoir un feu de sang-froid et à petite distance.

§ 115. Remarques générales.

Un bataillon isolé manœuvrant dans le voisinage de l'ennemi ou allant à sa rencontre, envoie en avant une compagnie comme avant-garde, qui à son tour détache aussi en avant des tirailleurs. Quand un bataillon manœuvre en ordre de combat sans avoir d'autres troupes entre lui et l'ennemi, il doit avoir la précaution d'envoyer en avant quelques tirailleurs assez éloignés pour n'être pas exposé à tomber inopinément dans la zone efficace de la mousqueterie ennemie. Quand il est arrivé à un bataillon de chasser l'ennemi et de prendre une coupure de terrain, il conviendra qu'il s'y établisse solidement, qu'il ne poursuive tout d'abord l'adversaire que par des feux rapides, et lance après à sa suite des tirailleurs. On devra tenir surtout à ce que les relations des diverses subdivisions entre elles ne soient jamais perdues, et que les hommes qui ne seraient plus utiles à la ligne des tirailleurs soient aussitôt rassemblés. Mais rien n'est si important pour la direction nécessaire du combat que de ne déployer ou disperser les forces dont on dis-

pose en petites fractions, qu'autant qu'il est convenable pour chaque moment de la lutte.

Dans une retraite, on tient particulièrement à ce
que les détachements envoyés d'avance en arrière,
soient disposés sur un point désigné, pour y recevoir les autres. Mais cela ne doit pas conduire en
général à laisser ou envoyer en arrière des détachements pour recevoir les troupes, avant que la
retraite ne soit résolue. Quand les circonstances
permettent de placer sur le côté les détachements
destinés à recueillir les troupes, ou quand ceux qui
battent en retraite le pourront faire vers une des
ailes de la position sur laquelle on doit les recevoir,
ce sera avantageux dans la plupart des cas.

Un bataillon isolé devra, pour un semblable mouvement successif se servir de la colonne de compagnie. Si pendant l'exécution du mouvement on
est dans le voisinage de la cavalerie ennemie, on ne
devra pas tenir les tirailleurs trop distants des détachements en ordre serré.

Dans l'instruction de l'infanterie en vue du combat, on ne devra pas employer des formations nombreuses et différentes, pas plus que des manœuvres
savantes. Quelques mouvements simples, comme
ceux donnés ci-dessus comme exemples, doivent
suffire à toutes les exigences du combat.

Car il est absolument nécessaire que les mouvements simples, requis pour la guerre, puissent être
exécutés par chaque bataillon dans toutes les cir-

constances, sur un terrain défavorable, dans l'obscurité ; qu'il ne soit pas rangé, qu'il soit face en arrière, avec ordre et sûreté.

De plus, on doit attacher de l'importance avant tout, à ce que l'influence du commandant sur sa troupe, l'attention des hommes à ses ordres, et l'ensemble tactique ne soient jamais perdus dans les fatigues des grandes manœuvres, comme dans les privations de la guerre.

TITRE V.

DE LA BRIGADE.

CHAPITRE XIX.

RASSEMBLEMENT ET DÉPLOIEMENT.

§ 116. Préliminaires.

Le bataillon doit pouvoir exécuter les mouvements qui ont été prescrits pour lui titre III et IV, non-seulement quand il est seul, mais encore quand il est réuni à d'autres bataillons, avec précision et ensemble Par conséquent, un certain nombre de bataillons, composant un ensemble doivent pouvoir se fondre en une certaine unité. Ces unités nouvelles doivent pouvoir, comme les rangs d'un plus grand ensemble, se prêter réciproquement un mutuel appui en vue du but à atteindre. Pour y parvenir, quelques prescriptions réglementaires sont nécessaires.

La brigade étant la plus importante réunion de troupes qui puisse exécuter des manœuvres réglementées sans se combiner avec d'autres armes, les prescriptions suivantes n'ont trait qu'à elle.

Dans le cas de réunion de plusieurs bataillons, ne suffisant pas à compléter la brigade, on suivra des principes analogues aux siens. Ainsi, dans tous les cas où plus de deux bataillons seront réunis, ils se formeront sur deux lignes. S'il y a un nombre égal de bataillons dans chaque ligne, le deuxième devra dépasser la première à droite et à gauche d'une demi-longueur de bataillon.

§ 117. Composition d'une brigade.

Une brigade d'infanterie doit en principe être composée de six bataillons que forment d'ordinaire deux régiments à trois bataillons.

§ 118. Rassemblement (rendez-vous).

Une brigade d'infanterie, qu'elle soit en ordre de marche, ou formée de n'importe quelle façon, doit pouvoir exécuter les évolutions qui lui sont commandées, de la manière la plus simple et la plus brève. Dans les cas pressants, on ne prend pas garde qu'un bataillon ait la place d'un autre, ou une autre formation que celle qui est recommandée dans les prescriptions suivantes.

La brigade se rassemblant en *rendez-vous*, les bataillons sont en colonne serrée par peloton, ou en colonne d'attaque, sur deux rangs, à quart de distance de peloton, et d'ordinaire sur deux ou trois lignes, distantes l'une de l'autre de trente pas, les bataillons étant séparés dans chacune par des intervalles de vingt pas. Les bataillons de la deuxième ligne sont alignés sur ceux de la première, drapeau contre drapeau. Le plus jeune régiment forme la première ligne, le plus ancien, la seconde Chacun des commandants de régiments, commande la ligne que forme son régiment.

Dans les brigades impaires qui dans la réunion de la division forment l'aile droite, les bataillons de fusiliers sont placés à la droite; par contre, dans les brigades paires, ils sont à l'aile gauche. Cela permet, dans le cas où il deviendrait nécessaire de détacher, pour une mission particulière, un bataillon de fusiliers, de le faire aisément, et sans changement important dans la formation de l'ensemble.

Pour le *rendez-vous*, on choisira la formation en colonne d'attaque, quand la brigade devra poursuivre aussitôt ses évolutions, mais celle en colonne serrée par peloton, quand on a intention de marcher tout d'abord.

Quand une brigade isolée doit exécuter pour elle seule un mouvement, il sera convenable de la for-

mer en ordre de *rendez-vous* sur trois lignes. Le
principe est alors d'employer un bataillon à la première ligne comme avant-garde, ou un bataillon de
la deuxième ligne désigné à cet effet comme réserve, et que l'on met à la place qui lui est par suite
indiquée, à trente pas en avant ou en arrière du
centre de la brigade. Dans ce cas, comme du reste
quand une ligne sera plus forte d'un bataillon que
l'autre, les bataillons de la seconde ligne s'éloigne-
ront en tenant leur drapeau au centre de l'intervalle
qui sépare deux bataillons de la première ligne. On
évitera de mêler avec d'autres les bataillons d'un
même régiment.

§ 119. Mouvements dans la formation de rendez-vous.

Une brigade placée de la façon prescrite ci-dessus
en cette formation, doit pouvoir se mouvoir en bon
ordre et avec calme, en avant, en arrière, vers ses
flancs, et aussi pouvoir à volonté changer la direction de sa marche. Dans une semblable conversion,
le bataillon placé au pivot exécute le mouvement
ordonné sans avoir égard aux autres bataillons qui
s'y conforment successivement.

Le commandant de la brigade commande tout ce
qui doit être exécuté par la brigade entière; il ne
donne qu'un simple avertissement pour ce qui ne
doit l'être que par une partie de la brigade, par une

ligne par exemple. Les chefs de ligne répètent les commandements du chef de la brigade, mais après l'avertissement donné, ils ajoutent le commandement d'exécution nécessaire pour leur ligne. Enfin les chefs de bataillon répètent les commandements de leurs chefs de ligne tant qu'ils n'ont pas pour leur part à faire exécuter quelque chose de particulier.

§ 120. Déploiement de la brigade.

Une brigade peut se déployer de sa formation de *rendez-vous* en celle fondamentale, en bataille, par un mouvement en avant ou en arrière. La manière de se déployer ne consiste pas à exécuter ce que nous avons vu pour des cas semblables ; il faut y apporter quelques différences inhérentes à l'ordre de *rendez-vous*.

Quand une brigade formée sur deux lignes veut prendre la formation fondamentale en bataille, le commandant de la brigade désigne celle de ses lignes qui doit rester immobile et doit par conséquent donner l'alignement. A cet effet il commande :

DÉPLOYEZ A DISTANCE ENTIÈRE L'UN DE L'AUTRE. (*Auf ganze Distance auseinander gezogen*). Au commandement, répété par les chefs de ligne, les bataillons conduits par leurs chefs font à droite ou à gauche, marchant sur la ligne de base jusqu'à ce qu'ils aient leur distance de déploiement, y compris

9.

l'intervalle de vingt pas qui doit les séparer du bataillon voisin du côté de la base d'alignement. Dès qu'ils ont atteint la distance susdite, au commandement de leur chef, ils font front et s'alignent. La deuxième ligne reste provisoirement, jusqu'à ordre ultérieur, à sa distance de ligne de trente pas, ses bataillons placés de façon à correspondre au milieu des intervalles des bataillons de la première ligne. Elle doit déborder leur aile en faisant à droite dans les brigades impaires, et à gauche dans les brigades paires. Le mouvement s'exécute l'arme sur l'épaule, puis les bataillons, à mesure qu'ils ont pris leur place et leur formation correcte, mettent successivement l'arme au pied.

Si la brigade est formée en colonne serrée par peloton, ce déploiement se fait de la même manière ; chaque bataillon, dès qu'il est arrivé à sa place, se forme aussitôt en colonne d'attaque.

Quand au contraire la brigade doit se déployer en marchant, en avant ou en retraite, le chef de brigade désigne un bataillon qui devra donner la direction et qui par suite continue à marcher droit devant lui. Au commandement pour déployer, chaque bataillon oblique à droite ou à gauche, gagne sur le côté comme tout à l'heure jusqu'à ce qu'il ait atteint ses intervalles, puis suit les mouvements du bataillon de direction, ou se conforme dès avant qu'il les ait atteints aux mouvements de ce bataillon. La ligne de derrière prend sa distance de ligne en raccourcissant le pas, ou en se déployant sur la ligne de base.

La distance à laquelle il convient de tenir la deuxième ligne de la première varie suivant les circonstances du combat ; du reste, dans beaucoup de cas il sera préférable que le chef de brigade la détermine. Quand il ne le fera pas, on prendra pour distance entière de ligne quatre cents pas.

En paix, sur le terrain d'exercice, pour économiser la place et le temps, l'éloignement des lignes sera fixé à cent cinquante pas.

Mais dans les manœuvres de campagne, cet éloignement des lignes doit être progressivement augmenté, pour servir de préparation à la guerre.

§ 121. (Suite.)

Une brigade sur trois lignes se déploie sur sa ligne de base, de pied ferme ou en marche, de la façon que nous avons dit précédemment. La troisième ligne gagne ses intervalles de la même manière.

Suivant les circonstances, on peut ne déployer que la première ligne, ou que la première et la seconde, quand la portion restante de la brigade suit en ordre de *rendez-vous*.

CHAPITRE XX.

MOUVEMENTS DE LA BRIGADE DÉPLOYÉE.

§ 122. Marche en avant en colonne d'attaque.

Une brigade, complétement ou partiellement déployée en colonne d'attaque, qui doit se porter en avant pour attaquer, a soin, avant de se mettre en marche, d'envoyer tout d'abord les tirailleurs des bataillons de la première ligne, et de les faire suivre d'ordinaire des compagnies des ailes formant une avant-ligne.

Le cinquième officier d'état-major se tient à la disposition du chef de ligne.

Près du commandant de la brigade et de chaque chef de ligne, se trouve un clairon.

Pour donner à la ligne des tirailleurs un point sur lequel elle puisse s'aligner approximativement et conserver ses relations, le commandant de la brigade désigne un bataillon de la première ligne, qui sera chargé de donner l'alignement à l'ensemble de la brigade, et par conséquent aussi à la ligne des tirailleurs.

Ce bataillon de direction devra conserver exactement la ligne de direction de la marche, tandis que tous les autres bataillons de la brigade devront, ceux de la première ligne, s'aligner latéralement sur lui, ceux de la deuxième ligne, conserver leur distance de la première. Si plus tard on change de ligne, en marchant en retraite, on emploiera encore un bataillon de direction; le chef de ligne devra donc désigner à cet effet, dans la deuxième, celui qui se trouvait derrière celui désigné par le chef de brigade pour donner la direction de la marche, ou celui qui se trouve à côté.

Quand les tirailleurs dont la troupe de soutien forme l'avant-ligne ont atteint leur distance (§ 114) (nous avons fixé pour le terrain d'exercice à 400 pas la distance des tirailleurs à la portion principale de la première ligne), le commandant de brigade peut faire avancer à la fois toutes les lignes. Mais il peut aussi, par exemple, ne faire avancer que la première ligne, et conservant la deuxième comme première réserve, ne la faire suivre qu'à plus grande distance, auquel cas, il ne sera pas besoin de la déployer.

Dans tous les mouvements d'attaque, sur le terrain d'exercice, les tambours battent la charge dans la cadence du pas ordinaire. Sur le terrain qui couvre les mouvements, on ne la fera battre que par les colonnes que l'ennemi voit et sur lesquelles il tire.

Le commandant de la brigade a la faculté d'étendre et de restreindre l'emploi du combat en ordre dispersé, de conformer les mouvements de sa brigade à ceux de la ligne des feux, ou de faire dépendre les mouvements des tirailleurs de ceux de la brigade. Il a dans les compagnies envoyées en avant comme avant-ligne, le moyen de renforcer la ligne de feu, suivant qu'il est utile.

Quand on est formé de la façon que nous venons de voir, on fait donner le signal de : HALTE. Le feu est d'ordinaire commencé sur ce signal, à moins qu'on ne l'ait commencé avant, dès que l'ennemi est indiqué.

Si le commandant de la brigade veut exécuter une attaque à la baïonnette pour amener la décision, il fait serrer les colonnes destinées à cet effort. Ces colonnes assaillantes conduites près de la ligne des tirailleurs portent l'arme dans le bras droit pour l'attaque, puis croisent la baïonnette en accélérant la marche. La ligne des tirailleurs débarrasse le front des colonnes, puis s'attache à leurs deux flancs, de façon à combler l'intervalle qui existe entre les colonnes et à prolonger les ailes.

Puis la charge à la baïonnette s'exécute d'après les prescriptions du § 83.

Les mouvements des lignes qui sont derrière et l'éloignement auquel elles doivent suivre l'attaque, sont d'ordinaire déterminés par un ordre particulier du chef de la brigade. Dans le cas contraire, la deuxième ligne suivra la première à distance entière de ligne.

Quand une attaque à la baïonnette peut être considérée comme ayant réussi, au commandement de HALTE suivi d'un court roulement, les pelotons têtes de colonne, au commandement des chefs de colonne, exécutent des salves, que les tirailleurs de leurs pelotons relient dans les intervalles par des feux rapides, ce qui se continue jusqu'au signal de MARCHE, donné par le chef de ligne.

Alors de chaque bataillon sortent deux pelotons de tirailleurs, et derrière eux, les compagnies auxquelles ils appartiennent, pour poursuivre et reformer à nouveau l'avant-ligne.

Si au contraire l'attaque à la baïonnette peut être considérée comme ayant échoué, on devra se conformer aux prescriptions du § 125.

Dans le troisième cas que nous avons vu §§ 83 et 86, celui où elle n'a pas eu de suite décisive, on ne pourra pas se contenter d'exécuter simplement des mouvements réglementés, mais, suivant l'esprit du § 130, on devra avoir égard à la conduite de l'ennemi, et mettre à profit les particularités du terrain.

Si la première attaque n'a été entreprise qu'avec l'avant-ligne, et qu'elle ait été repoussée, on pourra, suivant les circonstances, la renouveler soit avec six pelotons tirés des demi-bataillons de la première ligne, déployés pour les salves, soit avec les mêmes en colonne d'attaque. Dans ce cas, l'avant-ligne battue s'arrête, et à moins qu'il ne lui soit ordonné autrement, rétablit son front pour prêter son concours à l'attaque de la façon indiquée § 114.

§ 123. Marche en avant avec une portion déployée en bataille.

Une brigade peut marcher en avant, tous ses bataillons ou partie d'entre eux seulement étant déployés en bataille, ainsi, par exemple, pour diminuer l'effet du feu de l'artillerie ennemie. Une pareille manière de marcher en avant présente d'ailleurs l'occasion qu'on a rarement d'éprouver l'habileté avec laquelle les troupes exécutent la marche de front.

En principe, on envoie en avant des tirailleurs ou une avant-ligne.

Le commandant de la brigade peut maintenant :

a. Même quand il est sous le feu de l'ennemi, conserver la brigade et les bataillons de la ligne qu'il veut déployer, serrés et déployés. On ne devra jamais employer des points en avant pour tracer, avant le déploiement, l'alignement de la ligne. Seulement, le chef du bataillon de direction pourra faire sortir le drapeau et les deux sous-officiers des ailes, comme nous avons vu (§ 95). Dans le cas où il serait utile, ils s'avanceront un peu pour que la ligne puisse être suffisamment reconnue, et surtout aussi également que possible. Les bataillons déjà placés près d'eux prennent leur alignement et se déploient sur la même base d'alignement que le bataillon de direction. Les sous-officiers qui sortent dans ce cas, font tous face du côté du bataillon de direction.

Également après le déploiement effectué, on peut partir de nouveau au commandement de BRIGADE EN AVANT (*Brigade vorwærts*), etc...

b. Ou lorsqu'on est sous le feu de l'ennemi, le commandant peut, la brigade continuant à marcher, faire déployer les bataillons à droite et à gauche.

Après la ligne de tirailleurs, on trouve d'abord, en se rapprochant de la brigade, leurs compagnies respectives comme troupes de soutien. Au signal de L'APPEL, les tirailleurs se rendent à la place qui leur a été assignée par rapport au bataillon. Suivant les circonstances, les bataillons peuvent encore s'avancer en arrière des tirailleurs qui se couchent, pour plus de facilité.

Quand l'avant-ligne a été déployée, le chef de ligne peut ne faire déployer des demi-bataillons de ligne que six pelotons. Après cela, les compagnies de l'avant-ligne cherchent à se reformer en colonne aux ailes de la ligne, pour ne plus se déployer qu'au moment et à la distance où cela serait nécessaire, dans le cas où les intervalles jusqu'au bataillon le plus proche deviendraient trop grands.

On peut alors passer à l'exécution des feux comme nous avons vu (§ 47.) Le chef de ligne pourra commander HALTE et AVEC BATAILLON CHARGÉ OU POUR CHARGER -- HALTE. Le chef de ligne et les chefs de bataillon se retirent rapidement en arrière du front, et font charger leurs bataillons aussi vite que possible, sans avoir attention à se régler sur la succession des feux des bataillons voisins.

Le commandant de la brigade peut, après que le nombre de salves qu'il a jugé convenable ont été faites, faire donner le signal CESSEZ et envoyer en avant les pelotons de tirailleurs de la première ligne, ou une avant-ligne.

Il peut de plus, après le signal de CESSEZ, sans avoir égard à ce qu'un bataillon ou un autre ait déjà chargé, ou n'ait pas encore rechargé, faire porter la première ligne en bataille, en avant de son terrain, pour charger à la baïonnette, en se conformant aux prescriptions données § 54. Ceci devra s'exécuter quand l'ennemi en dépit des feux se sera avancé jusqu'à la plus extrême proximité.

Enfin le chef de brigade peut, tandis que sa première ligne tire, faire avancer la seconde en colonnes d'attaque. Celle-ci, dès qu'elle passe entre les intervalles de la première, prend l'arme dans le bras droit, ses tirailleurs garnissent les intervalles, et l'on exécute pour le reste l'attaque à la baïonnette. On ne fait rompre alors des bataillons de la première ligne que s'il devient nécessaire, et seulement des pelotons des ailes, afin que marchant entre elles, ils garnissent l'intervalle entre les colonnes. La première ligne cesse de tirer dès que la seconde l'a traversée, se forme aussi alors en colonne d'attaque, sans faire former de nouveau les pelotons qui ont déjà rompu.

Le chef de brigade donnera des ordres pour la réserve qui peut encore être disponible, ou bien alors elle se tiendra à la distance prescrite, pour toutes les lignes placées en arrière.

§ 124. Marche en avant avec une avant-garde.

Si un bataillon est désigné pour l'avant-garde, la brigade pourra soit prendre à la fois la formation déployée, soit rester dans l'ordre de rendez-vous pour ne s'avancer ensuite que successivement sous la protection de l'avant-garde.

L'avant-garde est chargée, par le fait de son existence, de commencer le combat. Mais elle devra avoir en général attention à ne pas trop s'étendre, car le bataillon ne serait plus dans la main de son chef.

Quand pour la renforcer on doit mettre de nouvelles forces en ligne, on prendra en principe, pour cela, un ou deux bataillons du régiment qui suit, et auquel appartient le bataillon d'avant-garde. Les bataillons qu'on fait avancer après cela comme soutiens prennent place dans la ligne de combat, à côté de ceux déjà engagés. A ce moment cesse le rôle d'avant-garde du bataillon qui avait été tout d'abord envoyé en avant.

Si le commandant de la brigade n'a pas seulement en vue de faire préluder à l'attaque par l'avant-garde, mais de la faire retirer du combat, il devra la diriger de telle façon, que le plus tôt possible, chacun reprenne sa place et ses relations dans les régiments de la brigade.

La brigade aura donc besoin en principe de déployer une avant-ligne pour recueillir l'avant-garde dans son mouvement de retraite.

Tant que dure le combat de l'avant-garde, il n'est d'ordinaire pas nécessaire de faire avancer, les unes sur les autres, les lignes qui sont en arrière. Il peut, au contraire, dans beaucoup plus de cas être avantageux de les faire suivre comme réserve en ordre serré.

§ 125. Marche en retraite.

Dans tous les mouvements en retraite, on devra former les bataillons d'une brigade en colonne d'attaque. Les mouvements seront, là où il est nécessaire, couverts par des tirailleurs, qui, en principe, devront chercher à se maintenir le plus longtemps possible sur la ligne la plus avancée qu'ils ont pu atteindre, pour permettre aux troupes en ordre serré de gagner de l'avance. Les tambours ne battent pas.

Quand la retraite s'exécute sans qu'on soit trop gêné par les attaques de l'ennemi, la brigade la fera d'ordinaire en même temps avec ses deux lignes. Les tirailleurs déployés demeurent tout d'abord sur la ligne où ils se trouvaient d'abord et se replient aussitôt que la brigade a atteint la distance à laquelle il leur était ordonné de le faire.

La retraite d'une ligne dont l'attaque peut être considérée comme repoussée, se fait de façon qu'après son attaque à la baïonnette elle met l'arme au repos, l'arme sur l'épaule, fait demi-tour et se met en marche. Les tirailleurs qui sont dans les intervalles doivent s'arrêter sans autre signal. Si la ligne contrainte à battre en retraite était déployée en bataille, après qu'elle a fait demi-tour et s'est mise en marche, elle se forme en colonnes d'attaque, ou tout d'abord en colonnes de compagnie (§ 114) qui se font couvrir par des tirailleurs.

Dans tous les cas, les tirailleurs se rejoignent en avant des colonnes pour couvrir leur marche, et se maintiennent aussi loin et aussi longtemps que possible, ou jusqu'à ce qu'on les rappelle (ce qui se fait, sur le terrain d'exercice, par un signal).

Quand la ligne a abandonné un espace suffisant pour être en dehors de l'action des feux, les bataillons se rassemblent en colonne d'attaque (à supposer qu'ils ne soient pas déjà dans cette formation), ou les compagnies des ailes font halte à une distance convenable en arrière des tirailleurs, pour former de nouveau une avant-ligne.

Quand une ligne battant en retraite en rencontre une deuxième en masse à distances de déploiement, cette dernière devra, soit se déployer sur place pour exécuter des feux de bataillon, soit s'avancer pour se déployer en marchant suivant les prescriptions du § 123, pour exécuter des salves. Dans les deux cas, la ligne qui se retire, traverse par les intervalles de celle qui est déployée, et ses tirailleurs au signal de l'APPEL débarrassent son front et se rassemblent. Dans une ligne déployée en bataille, les pelotons d'ailes rompent en arrière dès qu'il est convenable et sans s'éloigner, pour débarrasser le passage des colonnes qui battent en retraite. Les bataillons commencent le feu dès qu'une portion de leur front est dégagée, sans attendre que les pelotons qui ont rompu se soient portés en avant. La ligne qui bat en retraite fait front si elle ne reçoit pas d'autre ordre, quand elle a demi-distance de ligne (sur le terrain, à distance entière de ligne).

On ne devra employer cette façon de recevoir une ligne que si celle qui se retire est tout à fait en bon ordre, et si l'on n'a pas à craindre que l'ennemi, la poursuivant vivement n'aille suivre une portion de cette ligne. Dans le cas contraire, la deuxième ligne prend ses dispositions, soit qu'elle forme aussi une avant-ligne, ou qu'elle reste en colonne d'attaque, pour ne déployer qu'aussitôt que celle qui se retire l'a traversée. Dans un pareil cas, il pourra souvent être convenable, pour épargner du temps, de faire avancer les compagnies du centre. Si l'ennemi serre de très-près la ligne qui se retire, pour la dégager vite, il conviendra d'attaquer par ses intervalles avec des bataillons entiers et des tirailleurs. La ligne qui se retire fait front alors dès qu'elle a traversé l'autre, se reforme promptement en colonne d'attaque et suit à demi-distance de ligne.

On peut encore, dans le but de recueillir la première ligne, conserver en réserve tout ou partie de la deuxième, suivant les circonstances, sur l'une ou les deux ailes de la ligne qui se replie, pour pouvoir diriger une attaque enveloppante contre le flanc de l'adversaire, ou pour se déployer de façon à inquiéter ses flancs dans son mouvement en avant.

Dans tous les mouvements de retraite, la réserve, la troisième ligne, prend aussi, quand elle n'a pas de mission particulière, sa distance de ligne, de celle qui se trouve en arrière; mais celle qui se retire ne va pas en arrière de la réserve, mais seument en arrière de la ligne qui se trouve maintetenant la plus voisine de l'ennemi, et, arrivée à distance convenable, revient face en tête.

§ 126. Formation du carré, se mouvoir dans cet ordre.

Une brigade qui doit se défendre contre de grandes charges de cavalerie, se formera d'ordinaire en carrés. Sur le terrain d'exercice, ce sera le chef de brigade qui, pour indiquer le moment donnera le signal : BATAILLON OU TOUS, puis : FORMEZ LA COLONNE (*Das ganze — Kolonne formirt*).

Dans une brigade sur deux lignes, avec ou sans réserve (troisième ligne), on commandera aussitôt après pour la première ligne qui est en avant : FORMEZ LE CARRÉ, puis : CARRÉ — APPRÊTEZ. Les lignes qui sont en arrière resteront en colonne d'attaque.

Si la brigade doit se mouvoir en conservant la distance de quart de peloton, on devra tout d'abord commander comme pour serrer (§ 68), pour tous les bataillons, avant de faire former ce carré.

Si la ligne qui est devant était déployée en bataille, on formera au signal, *la* colonne d'attaque au pas de course, et les chefs de bataillon, sans attendre que le mouvement soit complétement achevé commanderont de suite : FORMEZ LE CARRÉ, puis : CARRÉ — APPRÊTEZ (§ 89).

Suivant les circonstances, il peut être convenable de ne former en colonne que les bataillons des ailes, ou seulement dans celui-ci les deux compagnies de l'aile extérieure. Cela pourra être d'autant plus à propos, que la deuxième ligne aura plus d'efficacité pour protéger les flancs et les derrières, et que l'on sera engagé par le feu de l'ennemi à ne pas se former en masses compactes.

Les tirailleurs qui se trouvent dans les intervalles de la ligne de devant rentrent dans leur bataillon comme pelotons de queue, ou si le bataillon se trouve en partie déployé en bataille, garnissent les intervalles qui s'y trouvent. Ces tirailleurs déployés en avant du front de la ligne se rassemblent sur la troupe de soutien avant qu'elle batte en retraite sur le bataillon ; dans d'autres cas, et quand ils seront éloignés des bataillons de 80 pas et au-dessus, ils formeront entre eux le noyau (§ 87).

D'après les indications du chef de ligne, les faces de tête des carrés et aussi les flancs extérieurs de ceux qui sont aux ailes, exécutent les feux au commandement de leurs chefs de bataillon.

Les officiers supérieurs et le chef de ligne restent dans les carrés ou chevauchent auprès.

Dans une brigade formée sur deux lignes, et avec une avant-garde, les colonnes de compagnie devront, outre le but spécial que leur a donné le chef de brigade, avoir attention, que la cavalerie ennemie soit proche ou éloignée, à ne pas trop s'éloigner les unes des autres, pour pouvoir former le bataillon, ou tout au moins se grouper de façon à se prêter réciproquement l'appui de leurs feux (§§ 88 et 114). Du reste, la brigade se tient comme il a été indiqué pour les lignes qui sont en arrière.

La charge repoussée, si le commandant de la brigade continue malgré cela à vouloir se retirer, le mouvement devra commencer à la fois dans toute la brigade. Le commandant de la ligne de devant fait aussitôt cesser le feu ; toutes les lignes font demi-tour et se mettent en marche. Pour tenir la cavalerie éloignée, on pourra faire sortir quelques tirailleurs, ou encore placer des tirailleurs dans les intervalles, mais seulement entre les bataillons. Au commandement de : CARRÉ — HALTE, la ligne exécute ce qui a été prescrit § 91 ; les lignes qui sont en arrière reviennent simplement face en tête.

Si, la première attaque repoussée, on a à craindre qu'elle se renouvelle, et que l'on veuille *par exception* effectuer sa retraite en échiquier, on fait ployer la première ligne comme nous avons indiqué ci-dessus, la ligne de derrière reste en place, et, à l'approche de celle qui se replie, forme le carré et apprête l'arme. Dès que la ligne qui se replie l'a dépassée et que l'ordre en est donné, celle qui est restée de pied ferme commence le feu. La ligne qui se replie, arrivée à distance de ligne de celle restée de pied ferme, fait CARRÉ — HALTE — FRONT. La réserve (troisième ligne), restée en colonne d'attaque, prend aussitôt sa distance de la ligne qui se trouve en arrière.

Cette façon de battre en retraite pourra, s'il est nécessaire, être renouvelée. Mais on ne devra en recommander l'usage que dans des cas rares, car le mouvement étant plus lent, les pertes sont augmentées, et puis l'on a toujours le moyen, par les feux, de tenir la cavalerie assez éloignée pour qu'au cas où elle voudrait renouveler sa charge, les bataillons de la première ligne aient le temps de prendre leurs mesures pour la recevoir. Quand on doit cesser l'emploi de la retraite en échiquier et surtout des manœuvres en carré, cela se fait au commandement de : FORMEZ LA COLONNE (§ 92).

§ 127. Changements de front.

Pendant l'exécution des changements de front, les bataillons d'une brigade restent toujours en colonne d'attaque; ils prendraient cette formation pour les exécuter, s'ils étaient déployés en bataille. Cette prescription s'applique aussi au bataillon qui forme le pivot et qui est désigné chaque fois par le commandant de brigade. Si l'on a formé une avant-ligne, les compagnies qu'on a fait sortir pour la former devront, dans cet ordre, se conformer au mouvement.

Le bataillon qui forme pivot exécute aussitôt le mouvement qui lui est ordonné, sans avoir égard aux autres bataillons, qui, à leur tour, se portent par le chemin le plus court sur la ligne qu'il trace, y entrent successivement, et prennent d'après lui l'alignement et les distances.

Les changements de front, et surtout tous les mouvements qui n'ont pas pour objet immédiat le combat, sont d'ordinaire exécutés par la brigade, à quart de distance de peloton, sans marcher le pas cadencé, mais d'ailleurs, dans le plus grand ordre. Les bataillons arrivés à leur place mettent sans autre commandement l'arme au pied, et après avoir pris l'alignement, se reposent.

Les changements de front ne sont pas considérables dans la plupart des cas, et l'on n'aura jamais à employer un quart de conversion pour une brigade déployée. Si les circonstances rendent nécessaire de se déployer rapidement sur le côté, la première ligne sera formée par les bataillons les plus voisins, en arrière desquels on rangera ensuite les autres.

Il pourra résulter du changement de front ou de l'ensemble du combat, qu'une aile de la brigade soit poussée plus en avant que l'autre, et qu'il en résulte ainsi une formation en échelons ; par une conversion de chacun des bataillons, on pourra alors lui donner un nouveau front dérivant du précédent.

§ 128. **Alignement.**

La régularité que l'on doit exiger strictement pour l'exécution simple des exercices réglementaires, et les temps de repos dont il est utile de les couper de temps en temps, donnent l'occasion de remettre rigoureusement les troupes sur l'alignement qu'elles avaient avant le repos et en bon ordre.

Le commandant de la brigade, commande : POINTS SORTEZ ; il établit lui-même les points du bataillon de direction, quand on se trouve en bataille, d'après les prescriptions du § 45 ; si l'on est en colonne, d'après celles du § 78. Les points des bataillons voisins s'alignent rapidement dessus, et les chefs de bataillon les rectifient s'il est nécessaire. Les chefs de ligne ont à veiller à l'alignement de leur ligne ; celui de la ligne qui se trouve en arrière, veillera de plus à l'établir parallèlement à la précédente. Au commandement de : ALIGNEZ-VOUS qui, dans le cas convenable, sera précédé du commandement : EN AVANT, les bataillons se portent en avant, portent l'arme, etc... L'alignement des échelons de derrière ne doit pas se faire dans chaque bataillon, mais pour l'ensemble de la ligne.

§ 129. Brigade en masse.

Quand une brigade doit dans un but particulier être serrée en une masse aisément maniable, on devra se servir tout d'abord pour cela de la formation décrite pour le *rendez-vous*, les bataillons étant en colonne d'attaque. Le commandant de brigade désigne le bataillon sur lequel le ploiement devra se faire. La brigade pourra également se ployer sur sa ligne de front, en marchant, de pied ferme, en avant ou en arrière.

Mais les cas dans lesquels on devra employer cette formation en masse, au combat, ou en vue d'y arriver, sont tout à fait particuliers.

§ 130. **Remarques générales.**

On a réuni sous ce titre, les principes fondamen-
taux et subsidiaires suivant lesquels on devra
former une brigade pour qu'elle puisse répondre
aussi bien que le rang, aux conditions demandées
aux réunions de troupes importantes, pour les
manœuvres et le combat. Les formations données
comme exemples ne se rapportent qu'aux cas les
plus simples, et sont, dans l'usage, susceptibles de
beaucoup de modifications. La combinaison des
différentes armes, le terrain et la conduite de l'adversaire doivent les déterminer, et le commandant
de la brigade aussi bien que tous les officiers d'é-
tat-major devront en tenir compte et conformer
leurs formations rapidement et sans hésiter, aux
circonstances. Leur attention ne doit pas être dé-
tournée du but principal, par la conservation de
formes convenues.

On devra néanmoins tenir strictement à l'emploi
du rassemblement normal des brigades et des régiments, et à ce que, dans un même régiment, les
bataillons ne soient pas mêlés les uns dans les autres. Du reste, le déploiement de la brigade et ses
mouvements ne doivent pas se faire seulement sur
le front que nous avons établi dans les paragraphes
précédents et dans cet ordre, mais il doit pouvoir
s'effectuer dans toutes les directions, dans tel ordre

que l'on voudra de bataillons et de formation de lignes.

Il est aussi à recommander d'employer un régiment pour former chaque aile, ce qu'on obtient en les plaçant à côté les uns des autres, et l'on devra s'exercer sur ceci, car ce sont les deux points que, dans l'attaque et la défense, il est le plus important de relier, tout en leur laissant une certaine indépendance. En outre, dans un pareil cas, une formation particulièrement profonde, et dont les flancs soient assurés, est recommandée. Les deux bataillons de la deuxième ligne offrent en les faisant déborder à droite et à gauche en échelons, le moyen d'appuyer les flancs de la première ligne, et ils sont en même temps très en position d'attaquer les flancs de l'ennemi comme aussi de prolonger notre ligne de combat. Si, dans ce but, on fait avancer les bataillons de la deuxième ligne à droite et à gauche contre ceux de la première, et ceux de la troisième un peu plus près, on formera alors une avant-ligne de huit compagnies indépendantes, derrière, une première ligne de quatre bataillons, et pour notre deuxième ligne actuelle il restera deux bataillons entiers. Ainsi, la brigade aura le front proportionnellement étendu de quatre bataillons. On ne devra pourtant employer ce fractionnement en avant-ligne et ligne principale qu'en considération de l'augmentation de l'effet des feux qu'il peut procurer, et encore à condition qu'on ait d'autres troupes en réserve qu'on puisse avancer, ou si les circonstances réclament qu'on étende le front plus que d'habitude.

Le déploiement que nous avons indiqué plus haut peut aussi n'être exécuté que sur une aile; ainsi, certains régiments de la première ligne pourront déployer deux bataillons, d'autres un seulement, suivant que les forces conservées en arrière en réserve sembleront devoir être inégales.

Les commandants des régiments devront être accoutumés à porter prompt remède à tous les incidents tout en ne perdant pas de vue, dans leurs formations normales, l'objet général du combat. Ils doivent être en état de diriger convenablement le feu et les attaques de leurs bataillons, et de faire entrer dans l'exécution les modifications que le but à atteindre réclame.

Si, par exemple, la ligne n'est pas également attaquée partout par l'ennemi, ils doivent tourner contre ses flancs tout ou partie des bataillons non engagés. Si un bataillon s'avançant dans sa direction primitive n'atteint pas l'objet qu'il cherche, il devra changer la direction de son attaque ; s'il vient à se trouver en présence de deux colonnes ennemies, il pourra être nécessaire qu'il se divise en deux demi-bataillons ; il pourra aussi être utile, pendant qu'il attaque une colonne, de jeter dans son flanc des compagnies de derrière.

Si l'ennemi menace les flancs de la ligne qui est en avant de ses bataillons d'aile, les derrières de la seconde ligne pourront alors inquiéter ses derrières, ses flancs, etc...

Dans l'instruction des troupes, on peut, pour produire ces circonstances, les exercer en deux détachements l'un contre l'autre, ou contre un ennemi indiqué.

Dans ces diverses circonstances, on devra surtout maintenir la distance donnée entre les lignes.

On mentionne § 125, des moments où la deuxième ligne doit être tenue moins éloignée. Mais, en général, elle doit surtout au combat jouer le rôle de réserve, ce qui rend convenable, comme cela a lieu d'ordinaire, que la première ligne ait formé une avant-ligne.

Ce ne sera que dans les cas où les alternatives de l'engagement commanderont une action commune immédiate des deux lignes, que l'on approchera davantage celle qui se trouve en arrière.

En présence de l'ennemi, on devra éviter autant qu'il sera possible un changement de ligne, et l'engagement de la deuxième ligne sera différé tant qu'on pourra. On devra d'abord épuiser la force de combat de la première ligne. On doit tenir la deuxième ligne prête à marcher chaque fois qu'on craint un échec, ou un revirement lors d'une marche victorieuse en avant. Sur le terrain d'exercice, ayant égard à l'instruction des troupes, on pourra, suivant les circonstances, faire un changement de ligne ; mais on devra aussi prendre soin que cela n'aille pas leur donner de faux aperçus sur la façon de conduire le combat.

En général, on devra chercher, quand on sera résolu à faire entrer en action la deuxième ligne, à ce que ce soit plutôt à côté de la première qu'à travers elle, ce qui permettra de ne pas mêler les régiments. On l'obtiendra par exemple, le plus souvent en venant au secours de l'aile la plus pressée de la première ligne, en s'avançant des deux côtés du bataillon d'aile de ce côté, qui est lui-même retiré en arrière des deux bataillons du même régiment, en deuxième ligne.

On devra faire usage de semblables formations par groupe de brigade et de régiment, qu'il sera bon d'employer de pied ferme ou en marche, pour diminuer l'effet du feu de l'artillerie ennemie (§ 114). En général, on devra recommander dans les groupes, d'employer en face du feu des obus les formations les moins profondes, et au contraire en face du feu de mitraille ou des schrapnels, de petites colonnes n'offrant que le front le plus restreint.

Dans des cas rares et décisifs, il pourra être nécessaire aussi de faire coucher des corps de troupes considérables, exposés au feu de l'artillerie, et même dans une certaine mesure à la fusillade.

Ce moyen pourra encore être bon pour l'infanterie que l'on réunit en ordre profond dans le voisinage de l'ennemi, en prévision d'une attaque ; aussi, on devra la rompre aux formes qui répondent à cet objet. Des fractions de troupes importantes, devront aussi exécuter facilement de tels mouvements, qui leur permettent de se servir de tout l'effet de leurs feux pendant le temps qu'elles doivent conserver la défensive.

Dès qu'un champ de tir libre, d'une certaine étendue, s'offre, et que les circonstances indiquent qu'on en devra bientôt arriver au point décisif, l'infanterie devra chercher à tirer parti de la grande puissance que possèdent des troupes de pied ferme, exécutant des feux avec calme. On devra donc les exercer à chaque moment, et suivant la tournure du combat, à se déployer même étant en groupes considérables, pour utiliser la puissance de leurs feux, et puis ensuite, quand l'ennemi est ébranlé, à l'attaquer vivement et avec efficacité.

La science de la conduite de grandes masses d'infanterie au combat, consiste dans l'emploi du temps et du lieu où l'on doit concentrer l'effet des feux, joint à la rapide utilisation du trouble et du désordre qu'ils causent à l'ennemi.

Dans le maniement de grandes masses de troupes, il y a des moments où il faut savoir ménager leurs forces. Ainsi, les grands mouvements que les bataillons ont à exécuter hors du feu de l'ennemi ne le seront pas d'ordinaire au pas cadencé. Mais il ne s'ensuit pas que le bon ordre et l'attention des hommes doivent se relâcher. Les colonnes peuvent, quand elles ont pris quart de distance de peloton, se mouvoir aussi facilement que serrées, au pas cadencé, bien que les rangs se soient un peu plus espacés. Après qu'on a marché, on doit, dès qu'on s'arrête, mettre de suite l'arme au pied, puis on commande : REMUEZ-VOUS.

Le commandant de la brigade est chargé de tirer parti de toutes les circonstances pour employer des troupes dans le sens qui a été indiqué d'avance, de façon qu'elles coopèrent à un plus grand ensemble.

Les marches pour se rendre au terrain d'exercice et toutes celles qui se font en longue colonne de marche, peuvent aussi servir à montrer la conduite d'une avant-garde, et le déploiement, pour combattre, d'une brigade en ordre de marche. Une arrière-garde peut couvrir la marche en retraite. Sur le terrain d'exercice même, l'emplacement peut contraindre à faire manœuvrer certains bataillons, sans avoir égard aux principes du règlement, et seulement d'après les circonstances. L'ensemble ou une partie de l'exercice peut être choisi en vue d'un plan déterminé de combat, en ayant égard au terrain. Parfois, on représente l'ennemi par de faibles détachements de troupes; alors on pourra représenter des combats particuliers, ou au moins des portions; on aura à exécuter l'attaque ou la défense d'un village, d'un bois, d'un défilé, etc... mais on ne devra jamais s'attacher à une retraite ou à une poursuite. S'il est possible de ne pas toujours faire ses exercices à la même place, on en profitera pour s'exercer à tirer parti de toutes les circonstances qne peut présenter le terrain.

Maintenant si, dans les circonstances plus graves, on a laissé à l'activité de chacun, un jeu plus étendu, il ne faut pas que le point principal soit perdu de vue, toutes les fractions ne sont que le moyen d'atteindre un but, par conséquent, la sécurité et la direction supérieure ne devront jamais souffrir, mais on devra tenir strictement la main à ce que l'ensemble intérieur des bataillons soit toujours lié à l'ordre tactique de la façon la plus complète.

CHAPITRE XXI.

GRANDE REVUE.

§ 131. Comment les troupes doivent être commandées pour une revue.

a. Quand plus d'une compagnie d'un bataillon se rassemble, c'est le chef de bataillon qui commande. Si les compagnies sont de différents bataillons, ce sera commandé par le plus ancien des chefs de ces bataillons.

b. S'il y a plus d'un chef de bataillon du régiment à la revue, c'est alors le commandant du régiment qui commande. Si les chefs de bataillon sont de régiments différents, ce sera le plus ancien des commandants des régiments qui y prennent part.

c. S'il y a à la revue plus d'un régiment d'une brigade, c'est le commandant de la brigade qui commande, et en conservant cette proportion jusqu'au commandant général. S'il y a des commandants de régiments de diverses brigades, alors le principe donné à *b* trouve une application analogue.

d. Dans le cas où aucun chef commun n'aurait le commandement de la revue aux termes des prescriptions ci-dessus, il reviendra au plus ancien, à moins qu'un autre n'ait été expressément désigné à cet effet.

Dans la division, quand un commandant de brigade manque, le plus ancien commandant de régiment tient sa place.

e. Les officiers qui commandent d'après les prescriptions ci-dessus tirent l'épée.

f. Tous les autres officiers supérieurs qui ont des troupes à la revue doivent bien y paraître, mais sans tirer l'épée. Ils se tiennent avec leur adjudant à la place que nous indiquerons ultérieurement; dans le défilé, ils se tiennent à pied ou à cheval, sans leur adjudant, à la droite de la colonne, à un pas sur le flanc du côté de la direction que suit le sous-officier de l'aile. Le plus élevé en grade des officiers supérieurs se tient à la même hauteur que les tambours et clairons, à la distance et avec la suite que nous avons indiquée. Ils saluent en portant la main à la coiffure, et se portent derrière celui qui passe la revue et à sa droite.

Mais les officiers supérieurs n'accompagnent leurs troupes, quand elles défilent, qu'une fois, et si le défilé se recommence de n'importe quelle façon, ils ne le renouvellent pas.

§ 132. Grande revue de pied ferme.

a. *En bataille.*

La formation du bataillon pour la revue est celle donnée déjà § 44, avec cette différence que les tambours et clairons sont à l'aile droite du bataillon, d'abord les tambours, puis les musiciens. Ils sont alignés sur le deuxième rang du bataillon à cinq pas de distance de lui ; il ne demeure non plus ni tambour ni clairon en avant du bataillon près de son chef. Le tambour de bataillon se tient, s'il n'y a qu'un bataillon à la revue, à deux pas en avant des tambours et clairons (fifres), et s'il y a plusieurs bataillons réunis à la revue, il sera à la droite des tambours et clairons, et il n'y aura que le tambour de bataillon (régiment) qui se tiendra dans ce cas en avant des tambours et clairons. Si le bataillon n'a que son nombre réglementaire de tambours et clairons, ils se placeront sur deux rangs ; s'il a plus que ce nombre, ils se placeront sur trois ; les clairons (fifres) dans chaque rang occupant la droite.

L'officier d'état-major réglementaire du régiment, ou celui qui pourrait se trouver attaché au bataillon, se trouve dans l'intervalle entre les tambours et clairons et l'officier de l'aile droite, l'adjudant se trouve derrière lui, tous deux l'épée à la main. S'il y a à la fois l'officier d'état-major du régiment et un officier d'état-major attaché au bataillon, celui dont le brevet est de date antérieure prend la droite.

Pendant le temps où les hommes de la réserve manquent, et jusqu'à ce que les hommes de remplacement soient entrés dans le rang, il est d'habitude de ne former les bataillons allant à la revue que sur deux rangs. On peut aussi pourtant conserver la formation sur trois rangs; on défilera alors par front de compagnie.

Dès que celui qui passe la revue s'approche du bataillon, son chef commande : ATTENTION — PRÉSENTEZ — L'ARME. Dès que les armes sont présentées, il se rend rapidement à l'aile par laquelle arrive celui qui passe la revue, pour lui rendre son *rapport de front* et l'accompagner tout le temps qu'il parcourt le front du bataillon, en se tenant du côté extérieur. Si le mouvement se fait par la gauche, le chef de bataillon, après avoir fait présenter l'arme, commande : YEUX — A GAUCHE.

Quand on est formé pour la revue et qu'on a fait tourner les yeux à gauche, tous les commandants supérieurs, y compris le commandant de régiment, se rendent à la gauche des troupes qu'ils commandent : pourtant, les chefs de bataillon restent à la droite de la leur, même quand on présente les armes par bataillon.

Le chef d'un bataillon isolé se comporte comme le commandant d'un régiment (1).

En même temps que l'on présente les armes, les officiers et les drapeaux commencent à saluer. Les officiers conservent leur épée baissée, jusqu'à ce que le bataillon mette l'arme sur l'épaule. Par contre, dès que les drapeaux sont abaissés, on exécute aussitôt les trois mouvements pour les remettre sur l'épaule.

Dès que l'on présente les armes, la musique et les tambours commencent à jouer et à battre la marche, ce qu'ils font jusqu'à ce que le commandant leur ait fait signe de cesser. Les musiciens jouent lentement une marche du recueil des marches de l'armée. Les tambours battent la marche indiquée plus loin § 139. Lorsqu'ils ont fini une marche, ils font une pause de deux pas avant de recommencer.

Le tambour de bataillon donne pour cela chaque fois, comme avertissement, le signal. A supposer

---

(1) Le chef d'un bataillon enrégimenté qui se trouve seul avec son bataillon à la revue se comporte comme celui d'un bataillon indépendant.

qu'il soit dans le rang, en faisant à gauche, un pas
en avant, et se reportant aussitôt à la droite des
tambours et clairons. Les fifres accompagnent les
tambours (1).

Si la revue est passée par Sa Majesté le roi, on
crie : HURRAH, les tambours ne battent pas de roulement, et tant qu'on crie hurrah, ils recommencent
à jouer et à battre les marches d'armée indiquées
ci-dessus.

Tout le temps que celui qui passe la revue parcourt le front du bataillon, les hommes le suivent
des yeux en tournant graduellement la tête. Dès
qu'il a dépassé le bataillon, son commandant se
rend en avant du centre, fait signe aux musiciens,
tambours et clairons de cesser de jouer et de battre,
et fait mettre l'arme sur l'épaule. Si les yeux ont été
tournés à gauche précédemment, il les fait replacer
directs.

Dans la formation de revue de grandes réunions
de troupes, le commandant du bataillon à cheval,
aussitôt qu'il a fait présenter les armes, se rend dans
l'intervalle entre la droite de son bataillon et ses
tambours et clairons. Si les honneurs se rendent
par bataillon, il fait présenter les armes dès que
celui qui passe la revue est arrivé à hauteur du dra-

----

(1) Les clairons, quand ils ne doivent pas jouer, portent leur
instrument dans la main droite, le bras tombant.

peau du bataillon voisin. Dans l'intervalle, le chef de bataillon se tient à la droite de l'officier d'état-major qui peut se trouver attaché au bataillon, sans s'inquiéter qu'il puisse être plus ancien, et il y reste jusqu'à ce qu'il doive donner le signal de cesser de jouer et de battre, et faire mettre l'arme sur l'épaule.

Tous les commandants supérieurs, y compris les commandants de régiments, après avoir fait les commandements qu'ils doivent, ayant derrière eux leurs adjudants qui ne tirent point l'épée, se rendent à leur place, soit à la droite de leur troupe, à droite et contre les musiciens, soit à la gauche, si la revue a commencé par cette aile ; le commandant de régiment se tenant tout contre sa troupe, celui de brigade de même, et ainsi de suite. Ils accompagnent celui qui passe la revue tout le long du front de leur troupe, en se tenant du côté extérieur, de telle sorte que le plus ancien de ces commandants soit à côté de celui qui passe la revue, et les autres suivant leur ancienneté de service, chaque commandant de régiment s'y joignant.

Le commandant d'un bataillon indépendant se comporte comme le commandant d'un régiment.

L'officier d'état-major qui peut être attaché au régiment, quand même il serait plus ancien de grade que le commandant effectif du régiment, se tient près de lui à sa gauche, mais il ne sort pas pour accompagner, et ne se rend pas à l'aile gauche quand la revue commence de ce côté.

b. *En colonne.*

Des masses de troupes considérables peuvent aussi être passées en revue en colonne et suivant qu'il conviendra avec l'espace dont on dispose, défilent la droite en tête, par compagnie ou par peloton.

Dans la formation en colonne par peloton, les bataillons se forment exactement comme il a été prescrit (§ 60) pour la colonne serrée, avec cette différence que le drapeau se trouve à droite, contre l'officier du cinquième peloton, les tambours et clairons comme dans la formation en bataille, alignés sur le deuxième rang du premier peloton dont ils sont distants de cinq pas.

Dans la formation des colonnes par front de compagnie, celles de derrière serrent comme il a été indiqué à la colonne serrée par peloton. Le drapeau, les tambours et clairons se tiennent comme pour la formation de revue de la colonne par peloton. Les sous-officiers de l'aile droite ne restent pas sur l'alignement du troisième rang, mais se rendent en arrière des files de l'aile droite de leurs pelotons.

Dans ces deux manières de formations de revue, les officiers chefs de peloton, et même toutes les files du bataillon doivent être correctement alignés entre eux, dans toute la profondeur de la colonne, sur leur chef de file. Puis c'est par régiment ou par brigade que sur le commandement du commandant du régiment ou de la brigade, on présente l'arme ou on la met sur l'épaule. Les drapeaux et officiers saluent comme dans la formation en bataille.

Dans la formation de revue, en bataille comme en colonne, les intervalles sont comptés entre les diverses subdivisions, de l'officier de l'aile d'un bataillon, à l'officier (sous-officier) de l'aile gauche de l'autre ; ils sont les suivants :

> Pour un bataillon. . . . 20 **pas**
> Régiment. . . . 40
> Brigade. 50
> Division. 60
> Corps d'armée. . . 90

Si l'espace manque, les intervalles pourront être réduits ; toutefois, ils devront toujours être assez grands pour que les divers commandants supérieurs, les tambours et clairons y puissent trouver place.

§ 133. Défilé.

a En colonne par peloton à distance entière.

Le bataillon est averti dans ce cas par son chef, par le commandement de : DÉFILÉ (*Parade marsch*).

Quand le premier peloton doit partir (§ 32), cela se fait au commandement de : PREMIER PELOTON DROIT EN AVANT. Les tambours, clairons et musiciens obliquant à gauche, se rendent en avant du centre de ce peloton. Les tambours se placent en avant des musiciens, qui de leur côté doivent être à 25 pas en avant du premier peloton. S'il n'y a pas de musiciens dans le bataillon, ce seront les tambours qui prendront cette distance de 25 pas. L'officier du premier peloton se tient à deux pas en avant du milieu de ce peloton.

Le chef de bataillon commande alors : PAR PELOTON A DROITE CONVERSION — MARCHE (*Mit Zügen rechts schwenkt — Marsch*) ; puis, après que la conversion est achevée : HALTE. Le drapeau marche à côté du sous-officier d'aile du cinquième peloton, les cinq sous-officiers qui se tenaient près du drapeau se portent en arrière du cinquième peloton, à la gauche du sergent-major, sur l'alignement des serre-files, et y forment un rang.

Au commandement suivant : BATAILLON — MARCHE, le bataillon part dans la cadence ordinaire de 112 pas à la minute. Le chef de bataillon se rend rapidement en avant du premier peloton, après les tambours et clairons. L'officier d'état-major réglementaire du régiment ou celui qui peut se trouver attaché au bataillon (ce dernier, sans avoir égard à son ancienneté de grade), se place près du chef de bataillon, et à sa gauche, à une demi-longueur de cheval en arrière; l'adjudant du bataillon se tient à son côté gauche et à quelques pas en arrière. Les chefs de peloton, marchent à deux pas en avant du centre de leurs pelotons ; les serre-files, officiers et sous-officiers, à la place et à la distance qui leur ont été indiquées (§§ 17 et 44) en arrière du peloton. Le deuxième second lieutenant de la compagnie d'aile gauche encadre le bataillon. Les sous-officiers de l'aile droite et les files d'aile ont à conserver les yeux directs jusqu'à ce qu'ils approchent de quelques pas celui qui passe la revue. Ces sous-officiers marchent exactement sur la ligne de direction qui leur est indiquée par l'adjudant ; aussi, dès qu'on rompt de cette façon, le porte-drapeau se rend près de l'adjudant et se place en arrière des sous-officiers d'aile dès qu'il est près de lui, et part de nouveau.

Les tambours, au commandement de : MARCHE, commencent à battre la marche de l'armée (§ 139 et supplément II, n° 5), puis se rendent près de celui qui passe la revue. Sur un appel accoutumé (supplément II, n° 6), la musique commence une marche. Les tambours, clairons et musiciens font alors à gauche, passent devant et contre le premier peloton, leur tête converse à droite, et ils viennent se placer en face de celui qui passe la revue, sur une ligne, de sorte que les musiciens forment la droite.

Pendant ce mouvement, comme du reste pendant tout le défilé du bataillon, la musique doit être accompagnée par le nombre qu'on voudra des tambours du corps de tambours, qui se tient près de la musique, ou par tous. La marche d'accompagnement des tambours commence dès que l'appel est fini, et qu'on a fait à gauche. Dès que le huitième peloton est passé, les tambours, clairons et musiciens partent, conversent à gauche sur eux, et suivent le bataillon en continuant à jouer jusqu'à ce qu'ils soient suffisamment éloignés.

S'il n'y a pas de musiciens dans le bataillon, les tambours et clairons sortent toujours à gauche de la manière indiquée, mais se contentent de sortir à gauche, puis battent de nouveau, après la fin de l'appel, tant que dure le défilé, la marche de l'armée, et suivent, de la façon que nous avons vu pour les musiciens, le dernier peloton du bataillon.

Les officiers d'état-major saluent quand ils approchent de celui qui passe la revue. Le commandant du bataillon, à cheval, en dehors de la droite, abaisse son épée en s'approchant, et demeure près de lui, son épée abaissée, après qu'il a salué. Il ne la relève qu'après que le défilé de son bataillon est achevé. L'adjudant à cheval, dès que le chef de bataillon se rend à la droite, va à la gauche, à la tête des tambours, clairons et musiciens, reste avec eux, tant que le bataillon défile, puis lorsqu'ils conversent, se conforme à leur mouvement.

Dans la marche de revue de groupes importants de troupes, tous les commandants de régiments et commandants supérieurs qui ont leurs troupes présentes à la revue, se tiennent en avant des tambours et clairons du premier bataillon de leurs troupes, à dix pas environ en avant, rangés suivant leur ancienneté de service, et ayant à quelques pas en arrière et à gauche d'eux leurs adjudants. S'il y a dans le régiment un officier d'état-major attaché, ayant le rang du commandant du régiment, et même plus ancien de grade, il se tiendra néanmoins près de lui et à sa gauche, à une demi-longueur de cheval en arrière.

La tête de colonne, y compris les tambours et clairons doit raccourcir autant qu'il est nécessaire pour laisser prendre place en avant d'elle aux commandants supérieurs qui doivent la précéder. Les tambours et clairons du bataillon qui marche en tête, quand il arrive à portée de celui qui passe la revue, sortent en même temps que les musiciens, de la manière prescrite, de façon que les musiciens soient à leur droite, et qu'on défile entre eux et celui qui passe la revue. Ces tambours et clairons restent pendant le défilé de toute l'infanterie de la revue (1), et les tambours battent, à l'arrivée de chaque nouveau bataillon, l'appel accoutumé (supplément II, n° 6), sur deux pas. Les tambours du

---

(1) S'il y avait à la revue plus d'un corps d'armée, les tambours et clairons du premier bataillon ne resteraient que pendant le défilé de leur corps, puis converseraient à sa suite.

bataillon qui arrive commencent au troisième pas, battent la partie restante de l'appel, et suivent.

Les musiciens sont attentifs à jouer dès que les tambours placés à côté d'eux commencent à battre, et ils commencent, dès qu'ils ont achevé leur appel, une nouvelle marche pour chaque bataillon quand c'est une grande revue ; toutefois, ils n'en exécutent que du recueil des marches de l'armée que les troupes doivent donc recevoir. Quand la fraction de troupes à laquelle appartient le corps de tambours et clairons a défilé devant celui qui passe la revue, il la suit de la façon qui a été prescrite, et est remplacé par celui de la nouvelle fraction de troupes qui arrive. S'il arrive que cette troupe nouvelle n'ait pas de corps de musique, celle qui y était déjà demeure tant que défile cette fraction de troupes, joue pendant ce temps, et puis après, converse comme dans le premier cas.

Il n'y a que les commandants supérieurs placés en dehors de la droite, y compris les commandants de régiment, qui en s'approchant de celui qui passe la revue abaissent leur épée. Leurs adjudants saluent en portant la main à la coiffure, puis suivent leur chef. Les commandants de bataillon, restent en avant du premier peloton de leur bataillon, à l'exception du chef d'un bataillon indépendant qui se porte en dehors de la droite comme le commandant de régiment.

L'adjudant de chaque bataillon, en avant duquel

se trouve le corps de musique, va se placer dès qu'il se trouve près de celui qui passe la revüe, en déboitant à gauche, comme il a été dit. Il se met contre les musiciens, à leur droite, et converse ensuite de nouveau avec eux.

Après que la dernière troupe à pied de la revue a défilé, les musiciens restés jusque-là conversent enfin avec les tambours et clairons. Chaque subdivision converse sur elle à gauche, de telle sorte que les musiciens suivent les tambours et clairons.

Les subdivisions de troupes conservent entre elles dans le défilé, les distances suivantes les unes des autres.

Un bataillon de l'autre.. . . .   40 pas.
      régiment..   80
      brigade   100
      division   120
      corps d'armée.   150

b. En colonne serrée par peloton.

Les pelotons d'un bataillon défilant en colonne serrée par peloton, sont serrés comme il a été indiqué (§ 60.) Les officiers chefs de peloton marchent sur le flanc de leur pelotons, ceux qui sont en serre-file, sur l'alignement des sous-officiers serre-files, à l'exception de l'officier qui encadre le front du bataillon. Le drapeau marche à côté de la droite de l'officier chef du cinquième peloton.

Les tambours et clairons de tout le régiment sont formés en avant du premier bataillon, sur trois rangs, de telle sorte que ceux du premier bataillon forment le premier rang, ceux du deuxième bataillon le deuxième, ceux du bataillon de fusiliers le troisième. Le tambour de régiment les conduit, le tambour du deuxième bataillon se trouve à la droite, celui du bataillon de fusiliers, à la gauche. Les tambours et clairons d'un bataillon indépendant conservent leur formation.

Les tambours, clairons et musiciens se comportent comme dans le défilé en colonne à distance entière, mais les premiers ne battent pas un nouvel appel pour chaque nouveau bataillon, mais seulement pour chaque nouveau régiment ou bataillon indépendant, de telle sorte que les musiciens jouent sans s'interrompre une même marche pour tout le régiment.

Les distances auxquelles les bataillons, régiments, etc., se suivent entre eux, comme tout le reste, est conforme aux prescriptions données pour le défilé sous la rubrique *a*.

c. Par front de compagnie.

Dans le défilé par front de compagnie, les compagnies ne se suivent pas à distance entière, mais seulement à distance de peloton. Le capitaine marche à quatre pas en avant du centre de sa compagnie, le premier lieutenant à la droite du second peloton ; un sous-officier encadre la gauche, le sous-officier de l'aile droite du peloton pair est sur le rang des serre-files, le drapeau à côté et à la droite des sous-officiers d'aile du cinquième peloton. Les autres officiers suivent et marchent comme dans la colonne par peloton à distance entière.

S'il se trouve dans le bataillon un ou plusieurs capitaines attachés, ils suivent de la façon qui a été dite pour le défilé du bataillon, à deux pas en arrière des officiers en serre-file de la dernière compagnie.

La formation et la conduite des tambours, clairons et musiciens sont celles qu'ils avaient dans la colonne par peloton à distance entière.

d. *En colonne de régiment.*

Dans le défilé par colonne de régiment, la brigade d'infanterie est considérée comme formant un tout, aussi, les corps de musique, les tambours et clairons sont-ils réunis en avant du premier régiment de la brigade.

Les tambours et clairons (fifres) de la brigade, réunis comme dans le défilé en colonne serrée par peloton, sont sur trois rangs, les clairons (fifres) à la droite, et placés de telle sorte que contre les clairons du plus ancien régiment sont ceux du plus jeune; contre eux, les tambours du plus ancien régiment, puis ceux du plus jeune. Le tambour de régiment du plus ancien régiment les conduit ; les autres tambours de régiment ou de bataillon sont répartis également à deux pas en avant de la ligne des tambours et clairons.

Les corps de musique de la brigade, réunis, sont conduits par le chef de musique du plus ancien régiment ; ils ne se mettent pas à leur place habituelle en arrière des tambours et clairons, mais en faisant un à gauche, ils se placent à la droite et à la même hauteur que les tambours et clairons, à peu près sur la ligne de direction de marche de l'aile gauche du premier régiment, mais pourtant encore à cinq pas sur son flanc gauche, afin de pouvoir reprendre leur place en faisant halte et front, tout en continuant à jouer le défilé.

Les trois bataillons d'un régiment défilant en colonne serrée par peloton, la droite en tête, serrent l'un sur l'autre, sans laisser d'intervalle entre eux. Des officiers se rendent aussi à l'aile gauche de tous les pelotons; s'ils ne sont pas en nombre suffisant, ils sont suppléés par les sous-officiers d'aile, cependant cela ne peut se faire pour les trois premiers pelotons. Chaque bataillon est encadré par un officier. Les trois drapeaux du régiment sont à huit pas en avant du centre du premier peloton du

deuxième bataillon : à leur droite et à leur gauche, est un officier.

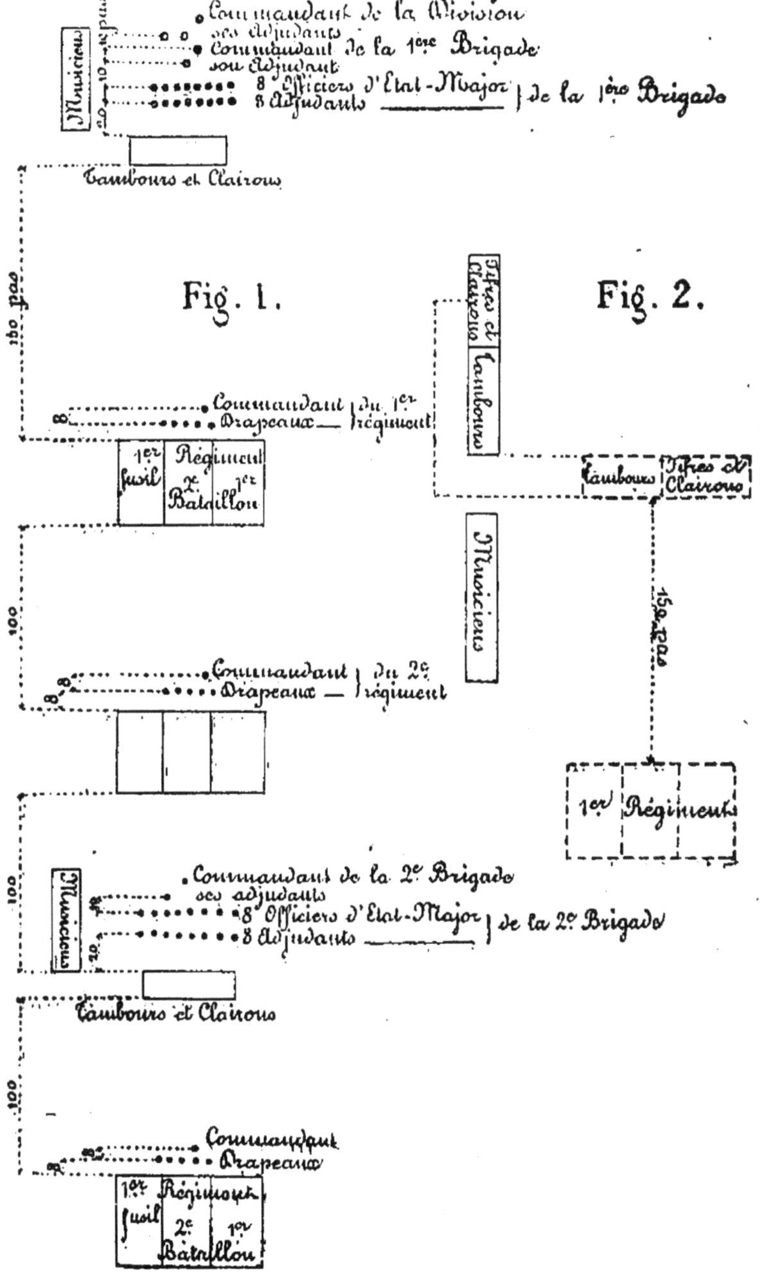

On marche pour défiler, dans l'ordre indiqué par le croquis ci-dessus. Les commandants supérieurs, y compris les commandants de brigade, de plus, les huit officiers d'état-major et les huit adjudants de bataillon ou de brigade, sont en tête des tambours et clairons de la brigade, les officiers d'état-major sur un rang, les adjudants sur un second, et tous rangés entre eux suivant leur ancienneté de service ; dans ce cas, les adjudants des régiments tirent l'épée.

Les tambours de la première brigade battent la marche indiquée pour le défilé par colonne de régiment, et continuent sans revenir par l'appel indiqué, jusqu'à ce qu'ils arrivent à hauteur de celui qui passe la revue, autrement dit, jusqu'à ce qu'ils soient arrivés à hauteur de l'aile gauche des musiciens déjà établis. Arrivés là, le tambour de régiment fait un signe, sur lequel les musiciens commencent une marche du recueil de celles de l'armée. Egalement sur un second signe du tambour de régiment, les tambours et clairons font à gauche. Les tambours s'établissent, après que leur tête a conversé à droite, à trois pas d'intervalle et à la gauche des musiciens ; les clairons (fifres) suivent les tambours, traversent l'intervalle entre ces derniers et les musiciens, passent en arrière des tambours, et vont se placer à leur gauche, comme l'indique la figure 2. Dès que les tambours ont pris place, ils accompagnent les musiciens qui jouent la marche indiquée déjà, supplément II n° 8.

Le premier régiment suit sur le seul commandement de son commandant de régiment à 150 pas en arrière des tambours et clairons de la brigade ; son chef à cheval le précède de 8 pas.

Le second régiment de la brigade suit le premier à 100 pas de distance.

Dans la deuxième brigade qui vient ensuite, les musiciens sont de même placés sur le flanc. Les tambours et clairons prennent cent pas de distance de la queue du régiment qui les précède. Les divers commandants supérieurs reprennent les places qui leur ont été déjà assignées, et le premier régiment de la deuxième brigade suit les tambours et clairons à 100 pas de distance.

L'approche de cette nouvelle brigade est annoncée par les tambours de la première qui battent l'appel ordinaire ; ceux de la deuxième brigade ne commencent pas à battre dès le troisième pas, comme nous avons prescrit, mais seulement au cinquième (supplément II no 9). Les musiciens de la première brigade cessent de jouer, se retirent de quelques pas, et font place à ceux de la deuxième en défilant par le flanc gauche. Après l'appel, les musiciens de la deuxième brigade commencent à jouer, et sont accompagnés encore par les tambours de la première, qui restent là tant que dure le défilé des troupes d'infanterie qui sont rassemblées (du corps).

Les officiers d'état-major ne saluent pas dans le défilé par colonne de régiment, mais seulement les commandants supérieurs y compris les commandants de régiment. Ces derniers se tiennent aussi en dehors du flanc droit.

Un bataillon qui n'est pas compris dans un régiment, défile par front de compagnie, en les rapprochant autant les unes des autres que dans la colonne serrée ; le drapeau en avant de la première compagnie, le commandant encore en avant de lui. Il défile avec cent pas d'intervalle du régiment qui le précède, comme un troisième régiment de la brigade ; aussi, les tambours ne font pas d'appel.

Un tel bataillon se trouvant seul, ou réuni à un autre semblable, se comporte comme une brigade ; il peut encore être réuni à l'un des régiments comme quatrième bataillon ; on devra dans ce cas particulier lui ordonner de placer ses tambours et clairons et lui-même comme il a été prescrit.

Dans tous les défilés, les pelotons doivent être parfaitement alignés et les bataillons marcher le même pas. Les sous-officiers d'aile devront le conserver comme la distance prescrite entre les pelotons.

Les troupes doivent en défilant fixer celui qui passe la revue, et le regarder franchement jusqu'à ce qu'elles l'aient dépassé. On devra donc laisser

tourner la tête aux hommes autant qu'il sera nécessaire pour cela.

Quand on défile l'arme sur l'épaule, on doit laisser balancer le bras droit naturellement. Il n'y a
que les commandants supérieurs qui sont sur le
flanc, qui saluent. Les chefs de fractions moins importantes, comme un régiment, le feront seulement
alors qu'ils les conduisent eux-mêmes.

Pour présenter une prestance militaire, belle et
dégagée, dans un défilé, on doit avoir attention à
apprendre à chaque homme ce qu'il a à **faire**.

CHAPITRE XXII.

§ 134. **Aller chercher le drapeau.**

Pour aller chercher le drapeau, on envoie une
compagnie entière avec le nombre nécessaire d'officiers et de sous-officiers, les tambours et clairons
du bataillon, les musiciens du régiment, accompagnés d'un officier d'état-major qui ne commande
pas, mais est à cheval l'épée au fourreau.

La compagnie se forme en bataille devant la
maison où se trouve le drapeau, et au commandement de Sous-officiers du drapeau-marche (*Fahnen-
Unteroffiziere-Marsch*) envoie dans la maison le plus

jeune officier, et deux sous-officiers pour chaque drapeau; ils sont sur deux rangs, les porte-drapeau formant le premier. Aussitôt que l'officier ressort dans cet ordre avec le drapeau, on lui rend les honneurs. Le drapeau se place en avant de la droite du premier peloton qui fait face à la maison, ayant près de lui l'officier qui l'a apporté, et le plus jeune de la compagnie après lui. Les sous-officiers se portent à la droite de la compagnie, puis reprennent leurs places. Quand après, on doit se mettre en marche, le drapeau et les deux officiers qui l'accompagnent se placent en arrière de la musique, puis vient la compagnie. Le capitaine, une fois la compagnie rompue, se place en avant du drapeau.

On prend pour ramener le drapeau les mêmes dispositions que pour l'aller chercher. Quand la compagnie qui ramène le drapeau arrive près de la maison où elle doit le déposer, les tambours battent la *troupe du drapeau* (§ 139 et supplément II, n° 11); après que la conversion est achevée, le drapeau se place pareillement en avant de l'aile droite du premier peloton et le capitaine fait présenter l'arme. Au commandement d'ATTENTION, les sous-officiers que nous avons indiqués plus haut, suivent le drapeau, l'officier le plus jeune le précédant. Dès qu'on a présenté les armes, les tambours battent la troupe du drapeau et les musiques jouent. L'officier commande au drapeau MARCHE et le porte à la maison. Arrivé à la porte, il s'arrête, fait entrer le drapeau, fait à droite avec les sous-officiers qui l'accompagnent, et marche vers l'aile droite de la compagnie pour reprendre la place qui lui est assignée. Le capitaine fait mettre l'arme sur l'épaule et part avec sa compagnie dès que les sous-officiers ont repris leur place, sans attendre le porte-drapeau.

Dans le cas où un corps de troupes n'a pas de musiciens, ou si l'on en a disposé d'autre part, la compagnie du drapeau n'est accompagnée que par les tambours et clairons du bataillon (1).

____

(1) Il se présente dans les deux plus importantes garnisons du corps de la garde, Berlin et Postdam, que les drapeaux de tous ses corps de troupe, sont déposés dans les châteaux royaux. Pour diminuer les retards de la mise en mouvement pour la plus grande partie ou la totalité des corps de la garnison, une seule compagnie vient chercher les drapeaux de tous les corps de troupes à pied. De plus, dans ce cas, outre le porte-drapeau les officiers et les sous-officiers désignés pour l'accompagner, se rendent au château, pour qu'aussitôt que la compagnie a présenté l'arme, ils puissent se mettre en marche en prenant place en avant d'elle. Les drapeaux sont ramenés de même par une seule compagnie.

Si les troupes sont rassemblées pour une grande revue, sur la place devant le château royal où se trouvent les drapeaux, comme par exemple le jardin de plaisance de Potsdam, les drapeaux sous la conduite d'un officier et accompagnés des sous-officiers de leur garde, ne sortent du château qu'à l'heure ordonnée. Puis chaque drapeau, par le plus court chemin, se rend à sa place dans son bataillon. Les troupes déjà présentes rendent les honneurs.

CHAPITRE XXIII.

DES SIGNAUX, DES MARCHES, ET AUTRES MORCEAUX POUR
TAMBOURS ET FIFRES (1).

§ 135. But des signaux.

L'impossibilité de commander à la voix une ligne étendue de tirailleurs, rend nécessaire d'employer des signaux qu'on donne avec le clairon. On ne s'en servira que si l'on est contraint par la force des choses, car l'emploi de beaucoup de signaux entraîne peu de sûreté et de la confusion.

Voici donc les signaux qui ont été arrêtés pour l'infanterie (supplément I).

§ 136. Signaux de dénomination.

1. — Signal du bataillon ou d'ensemble, quand il y a plus d'une compagnie.

2. — Premier bataillon

3. — Deuxième

4. — Troisième (bataillon de fusiliers.)

     d'un régiment.

---

(1) La notation des signaux est donnée au supplément.

5. — Première compagnie. \
6. — Deuxième. \
7. — Troisième. } d'un bataillon. \
8. — Quatrième. /

9. — Avant et arrière-garde, ou surtout garde détachée sans être divisée par compagnies.

10. — Troupe de soutien, ou surtout la fraction restée en ordre serré.

Il est de règle qu'un de ces dix signaux de dénomination doit précéder le signal de commandement. Et, une portion très-éloignée d'une troupe doit, quand une troupe l'appelle, donner d'abord son signal de dénomination pour indiquer qu'elle a compris, et ce ne sera qu'alors seulement qu'on devra lui donner le signal de commandement.

§ 137. Signaux de commandement et d'exécution.

11. — *Marche.* — On part au pas quand ce signal est donné dans la cadence ordinaire, au pas de course, s'il est donné très-vite.

12. — *Halte.*

13. — *En tirailleurs.* — Pour une troupe de tirailleurs qui doit se déployer. En garnison, le réveil.

14. — *Commencez le feu.*

15. — *Cessez le feu.* — Surtout quand on doit

suspendre le feu, ainsi à cause du trop grand éloignement.

16. — *Oblique à droite.* — A droite, marche,
quand le signal est exécuté par une troupe qui est
de pied ferme.

17. — *Oblique à gauche.* — A gauche, marche,
si la troupe n'était pas en marche.

18. — *A droite conversion* (épaule gauche en
avant).

19. — *A gauche conversion* (épaule droite en
avant).

20. — *Droit en avant.*

21. — *Alarme.* — Dans les quartiers et dans les
camps, les troupes sortent rapidement. En plein
champ, elles se rassemblent en ordre serré. — Ce
signal est donné très-fort, de façon à être entendu
le plus loin possible, il est aussi applicable aux terrains très-coupés. Si on ne le fait précéder d'aucun
signal de dénomination, il va de soi qu'il s'applique
à tout le monde.

En garnison, pour les troupes qui n'ont pas de
tambours, il est remplacé par l'assemblée, et les
clairons des bataillons de fusiliers le sonnent dès
que l'assemblée a été battue par les tambours.

22. — Baïonnette au ca- s'applique au sabre-
non. baïonnette, dans les
23. — Remettez la baïon- régiments de fusi-
nette. liers.

24.— *Appel.*— Ce signal peut être employé de diverses manières; particulièrement si une indication du moment ou une convention précède son emploi, ainsi, pour appeler à soi un détachement; dans la plupart des cas on devra le faire précéder du signal de dénomination, suivant le § 136; comme signal de détresse, quand une troupe s'égare dans les montagnes ou dans les bois; pour demander le signal de dénomination, quand des troupes s'aperçoivent qu'elles sont désunies par l'éloignement, le brouillard, les difficultés du terrain à parcourir; enfin, comme il a été indiqué § 56, pour faire rapidement couvrir d'une ligne de tirailleurs le front d'un bataillon qui marche en avant.

25. — *Retraite rapide.* — A employer quand il est avantageux de se replier rapidement. Les circonstances déterminent si l'on doit répéter le signal, c'est-à-dire, si la retraite doit s'exécuter à la course, ou si pour de grandes distances, elle doit s'exécuter sans retard d'un pas rapide.

26. — *Retraite lente.* — Pour les tirailleurs, chaque fois suivant les circonstances, qu'ils l'exécutent sous le feu ou non, et suivant les recommandations qui leur auront été faites, seulement d'une coupure de terrain à l'autre. Pour la troupe de soutien pareillement, d'après les prescriptions qui lui auront été faites d'avance pour passer d'une formation à une autre plus convenable.

27. — *Formez la colonne.* — Pour le bataillon

réuni, c'est le signal de former aussi vite que possible la colonne d'attaque, et il ne devient d'ordinaire nécessaire d'employer cette formation que contre une charge de cavalerie. C'est encore le signal pour former le carré. Pour les tirailleurs, le peloton de tirailleurs et une compagnie isolée, ce sera le signal pour se rassembler vite, pour se protéger par une formation compacte plus ou moins régulière contre la cavalerie, quand on n'a plus la possibilité d'atteindre le bataillon. Dans les camps et les garnisons c'est encore la retraite.

§ 138. Emploi des signaux.

C'est un principe général que tous les ordres ou indications qui peuvent être commandés à la voix ou rapportés de vive voix sans qu'il en résulte de trop grandes pertes de temps, ne doivent pas être donnés par des sonneries de clairon.

Toutefois, cette restriction à l'emploi des signaux a surtout de la valeur dans l'application, au cas où plusieurs troupes combattent l'une près de l'autre, surtout dans une contrée coupée. Car le signal donné par une troupe, une autre peut le prendre pour elle et l'exécuter ; il en pourra donc résulter des méprises qui ne seront pas souvent sans importance.

Enfin une fausse interprétation des signaux

pourra suivant leur signification causer plus ou moins d'inconvénients. Si par exemple, une troupe isolée donne le signal de marcher en **avant**, de s'arrêter, de cesser le feu, de former la colonne, il en pourra résulter très-facilement cet inconvénient que l'ensemble des autres troupes auxquelles on n'aura pas songé et qui au moment où l'on donne le signal battent en retraite, par exemple, pourront s'arrêter, ce qui entraînera une perte de temps et de terrain. Les erreurs sont également très-faciles dans les signaux des conversions, quand il s'agit de déterminer le cas où elles doivent se faire.

Puisque chaque tirailleur tire dès qu'il croit que son coup pourra produire de l'effet, le signal de COMMENCEZ LE FEU, qui se fait sur le terrain d'exercice, ne pourra être employé que s'il devient nécessaire dans un but particulier. On pourra l'employer par exemple dans le cas où une troupe se trouve dans une bonne position, plus ou moins couverte, et que son chef désire faire plier un ennemi rapproché par un feu violent, inopiné.

Le signal de MARCHE sonné très-fort trouve surtout son emploi dans le cas rapporté § 104, et on emploie pareillement le signal de RETRAITE RAPIDE.

Dès qu'un signal de commandement a été compris il est exécuté sur-le-champ.

Dans les garnisons, dans les cantonnements étendus, dans les camps, ou pourra aussi se servir des signaux indiqués pour faire sortir les hommes pour le service et les rassembler. On pourra encore les employer à l'intérieur lors des marches dans les bois et les montagnes, pour se retrouver, pour indiquer le chemin des diverses colonnes, et pour maints autres buts; mais on devra chaque fois faire de nouvelles conventions et distinguer la demande de la réponse.

§ 139. **Marches pour tambours et fifres.**

a. Marches de revue.

Les quatre marches de revue notées au supplément n° 2. (n° 1 à 4) s'emploient toujours par deux qui sont ainsi battues :

1. — Les quatre régiments de la garde à pied, la marche n° 1, (vieille marche des grenadiers de Prusse) qu'on alterne avec la marche n° 2.

2. — Le régiment de grenadiers de la garde, empereur Alexandre, n° 1, et le régiment de grenadiers de la garde, reine Élisabeth, la marche n° 1 une fois, puis sans arrêter la marche n° 3.

3. — Le régiment de grenadiers de la garde empereur François, n° 2, et le 4ᵉ régiment de grenadiers, de la garde de la Reine, la marche n° 1 une fois puis sans discontinuer la marche n° 4.

4. — Le régiment de fusiliers de la garde, la marche n° 1 alternant avec la marche n° 3.

5. — Tous les régiments d'infanterie de l'armée

comme à 4°, la marche n° 1, puis ensuite cette marche alternant avec celle n° 3.

Dès qu'une marche est finie de battre on fait une pose de deux pas avant d'en recommencer une autre.

Les marches ici prescrites se battent à la cadence de 80 pas à la minute.

Les musiciens jouent pendant qu'on présente l'arme à la cadence qui a été déjà prescrite, pour la marche lente qui indique le rassemblement de l'armée.

b. Défilé.

1. — Dans le défilé en colonne par **peloton** à distance, on serre aussi bien que par front de compagnie : les tambours de tous les régiments commencent par battre la marche de l'armée à la cadence de 112 pas à la minute, puis arrivés près de celui qui passe la revue exécutent un appel. Quand c'est fini, s'il n'y a pas de musiciens à la revue, ils retombent dans la marche de revue et continuent à la battre sans s'interrompre.

2. — Dans le défilé par colonne de régiment, les tambours de la première brigade (de chaque corps d'armée) battent la marche qui leur est particulièrement affectée sans omettre l'appel prescrit plus haut.

Après que le tambour de régiment a donné le

signe, les musiciens sortent et se placent comme il a été indiqué pour l'armée, les tambours prennent leur place près des musiciens, puis battent pour accompagner la musique, la marche n° 8.

A l'approche d'une nouvelle brigade, les tambours de brigade, prévenus par un signe, passent à l'appel ordinaire. Les musiciens ne jouent pas pendant l'appel et les tambours de la brigade qui arrive ne commencent pas maintenant à battre au troisième pas mais au cinquième (supplément II n° 9).

c. Marche de manœuvre (supplément II n° 10.) Est surtout battue à la cadence de 112 pas à la minute, aussi à celle plus vive de 120 pas à la minute quand on passe l'arme dans le bras droit pour attaquer; elle se continue avec accompagnement de fifre.

d. La troupe du drapeau (supplément II, n° 11). est battue quand on reconduit le drapeau.

e. Marche des morts (supplément II, n° 12) à employer aux cérémonies funèbres.

§ 140. Morceaux d'ensemble pour tambours et fifres (supplément III).

1. Signal pour le feu rapide.
2. Signal pour cesser le feu rapide.

3. Appel pour la retraite.

4. Retraite.

5. Appel pour la grande retraite.

6. Grande retraite.

7. Signal pour la prière.

7. Batterie après la prière.

9. Réveil.

10. Assemblée.

11. Coup de baguette pour marcher le **pas non** cadencé.

12. Troupes de garde.

13. La générale ne devant être employée que dans les cas d'alarme s'appliquant à toute la garnison, à tous les cantonnements ou les camps.

14. Alarme du feu (peut aussi se donner par un signal de clairon).

APPROBATION

J'approuve cette nouvelle édition du règlement sur les exercices de l'infanterie contenant les modifications que j'ai jugées utiles, et je prescris que les principes qu'elle fixe soient considérés comme règle unique.

Je rappelle également les principes donnés à ce sujet, dans le règlement du 25 février 1847, de mon frère qui repose en Dieu, le roi Frédéric-Guillaume IV. La latitude laissée dans les prescriptions réglementaires pour l'instruction et l'emploi des troupes ne doit pas être restreinte sans d'impérieux motifs, de façon à faire passer contre toute raison la forme avant le fond.

Mayence, 3 août 1870.

Signé : GUILLAUME,
Contre-signé : DE ROON.

Ministère de la guerre.

TABLE.

—

TITRE PREMIER.

INSTRUCTION INDIVIDUELLE DU FANTASSIN.

CHAPITRE PREMIER.

INSTRUCTION SANS ARMES.

CHAPITRE II.

INSTRUCTION AVEC L'ARME.

CHAPITRE III.

MANIEMÈNT D'ARMES DES SOUS-OFFICIERS, DU FUSIL DE FUSILIER, DU DRAPEAU, DE L'ÉPÉE (SABRE) DES OFFICIERS.

TITRE II.

DE LA RÉUNION EN TROUPE; DE LA COMPAGNIE.

CHAPITRE IV.

DE LA RÉUNION EN TROUPE.

CHAPITRE V.

FORMATION, DIVISIONS ET ALIGNEMENT DE LA COMPAGNIE.

CHAPITRE VI.

MANIEMENT D'ARMES ET CHARGE DE LA COMPAGNIE.

CHAPITRE VII.

MOUVEMENTS DE LA COMPAGNIE.

CHAPITRE VIII.

COLONNE DE COMPAGNIE ET COMBAT DE TIRAILLEURS.

CHAPITRE IX.

FORMATIONS RÉPONDANT A DES CAS PARTICULIERS.

TITRE III.

DU BATAILLON.

CHAPITRE X.

FORMATION, ALIGNEMENT, MANIEMENT D'ARMES, CHARGE ET MOUVEMENTS D'UN BATAILLON EN BATAILLE, AVEC LA FORMATION DES PELOTONS DE TIRAILLEURS.

CHAPITRE XI.

SE FORMER EN COLONNE ÉTANT EN BATAILLE.

CHAPITRE XII.

MOUVEMENTS DE LA COLONNE.

CHAPITRE XIII.

DES PELOTONS DE TIRAILLEURS D'UN BATAILLON EN COLONNE, ET DE LA COLONNE DE COMPAGNIE.

CHAPITRE XIV.

DU CARRÉ.

CHAPITRE XV.

SE FORMER EN BATAILLE ÉTANT EN COLONNE.

CHAPITRE XVI.

DU RASSEMBLEMENT.

TITRE IV.

DU COMBAT DU BATAILLON, AVEC CONSIDÉRATIONS PARTICULIÈRES SUR LA DESTINATION DU TROISIÈME RANG ET L'EMPLOI DE LA COLONNE DE COMPAGNIE.

CHAPITRE XVII.

INSTRUCTION DU SOLDAT ET DE LA TROUPE POUR LE COMBAT DE TIRAILLEURS, CONDUITE DES OFFICIERS ET DES SOUS-OFFICIERS.

CHAPITRE XVIII.

DU COMBAT DU BATAILLON, DE L'EMPLOI DU TROISIÈME RANG, ET GÉNÉRALITÉS SUR LA COLONNE DE COMPAGNIE.

TITRE V.

DE LA BRIGADE.

CHAPITRE XIX.

RASSEMBLEMENT ET DÉPLOIEMENT.

CHAPITRE XX.

MOUVEMENTS DE LA BRIGADE DÉPLOYÉE.

CHAPITRE XXI.

GRANDE REVUE.

CHAPITRE XXII.

CHAPITRE XXIII.

DES SIGNAUX, DES MARCHES ET AUTRES MORCEAUX POUR TAMBOURS ET FIFRES.

SUPPLÉMENTS.

FIN DE LA TABLE.

SUPPLÉMENTS.

BATTERIES ET SONNERIES.

SUPPLÉMENT Nº 1.

SIGNAUX DONNÉS PAR LE CLAIRON.

(Mme Chabal grav.r)

Halte.(♩ = 66.)
12.
En Tirailleurs.(♩=66.) en garnison le Réveil (♪ = 180.)
13.
Commencez le feu.
14.
Cessez le feu.(♩ = 66.)
15.
Oblique à droite.(♩ =138.)
16.
Oblique à gauche .(♩=152.)
17.
A droite conversion.(♩. = 138)
18.
A gauche conversion.(♩. = 72)
19.
Droit en avant.(♩.= 92.)
20.
Alarme.(réunion.) (♩.= 112.)
21.

Baïonnette au canon.(♩.=126.)
22
Remettez la baïonnette.(♩ = 100.)
23
Appel.(♩.= 58.)
24
Retraite rapide.(♩ = 126.)
25
Retraite lente. (♩ = 126.)
26
Formez la colonne.(♩.=144) (en garnison: Retraite (♩.=66)
27
Alarme du feu.(très lentement.)
28
trémolos aux notes soulignées.

SUPPLÉMENT Nº 2.

MARCHES POUR TAMBOUR ET FIFRE.

Marche Nº 1.(Vieille marche des grenadiers de Prusse.)

Marche N.º 3 . (♩ = 80)
Fifre.
Tambour.

Marche N.º 4. (♩ = 80.)
Fifre.
Tambour
3
3
3
3

N.º 5. Défilé en colonne par peloton à distance, ou serrée, et aussi par front de compagnie.

Marche d'armée. (♩ = 112.)

N.° 6. Appel.(pour la Marche N.° 5) (♩.= 112.)

N°.7. Pour le défilé en colonne de régiment.
(♩. = 112)
Fifre.
Tambour.
p
ff   p
ff

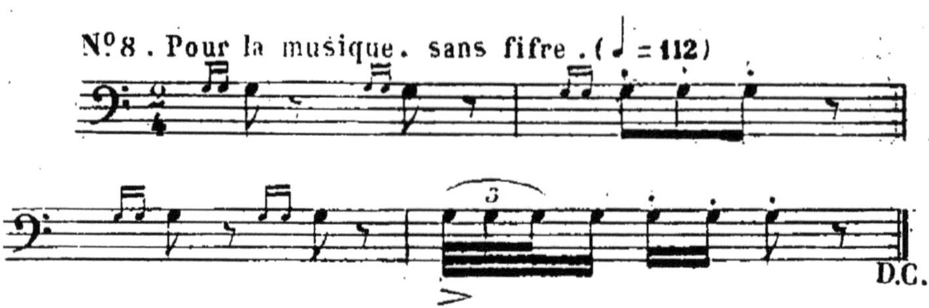

N° 8. Pour la musique. sans fifre. (♩ = 112)

N° 9. Appel avec reprise pour les fifres et les tambours de la colonne de régiment qui s'approche (♩. = 112.)

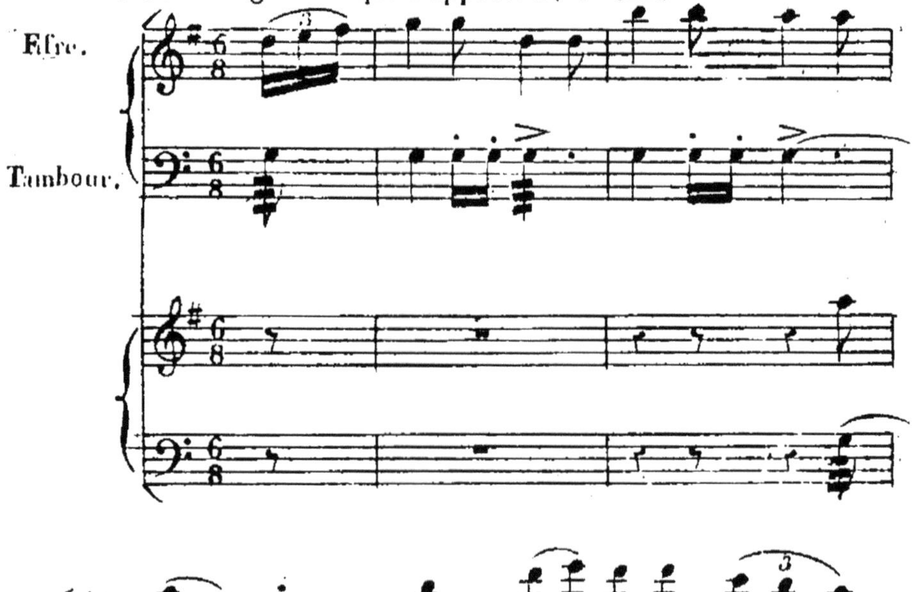

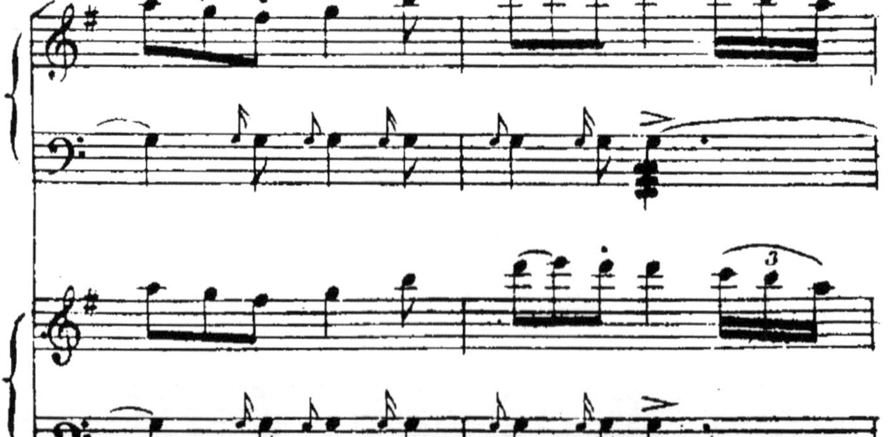

N.º 10. Marche de Manœuvre (♩ = 112 et 120)
Fifre.
Tambour.

N.º 11. Troupe du drapeau (= 112
Fifre.
Tambour.
D.C.

N.º 12 . Marche des Morts .

Quand le corps sort de la maison , on présente les armes ; les tam
bours battent en sourdine la marche réservée pour ces circons _
tances . Les fifres ne jouent pas . Les musiciens jouent un cho
ral , sans assourdir les instruments . Quand le cortège se met en
mouvement , et pendant la marche , les tambours ne battent que
cette marche , et les musiciens ne jouent que ce choral .

Le tambour de régiment donne après le roulement ,
comme , entre les strophes du choral , le signal pour l'ap-
-pel . S'il n'y a pas de musique à la parade funèbre , les fifres
jouent le choral .

SUPPLÉMENT N.º 3.

MORCEAUX D'ENSEMBLE POUR TAMBOUR ET FIFRE.

Nº 4. b. (♩=80)

N.º 5. Appel pour la grande retraite.

N.B. Le tambour de bataillon ou de régiment donne le signal pour le roulement d'ensemble des tambours, les arrête pour les solos de fifre, et de tambours, ils ne font plus qu'un roulement à peu près double des premiers, et un dernier appel comme il est indiqué.

N.º 6. Grande retraite. (♩=112) Les fifres ne jouent pas en même temps que la musique

N.º 7. Signal pour la prière.
Fifre.
Tambour.
fin
d.s
ff
ff

3
tr
N.B.
ff dim pp

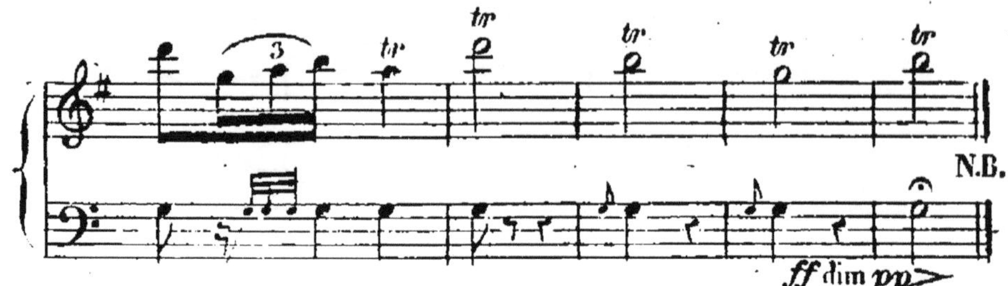

N.B. Le dernier roulement est battu très fort, puis va decres-
-cendo jusqu'au pianissimo de la fin.

Nº 8. Batterie tr 𝄐 après la Prière.

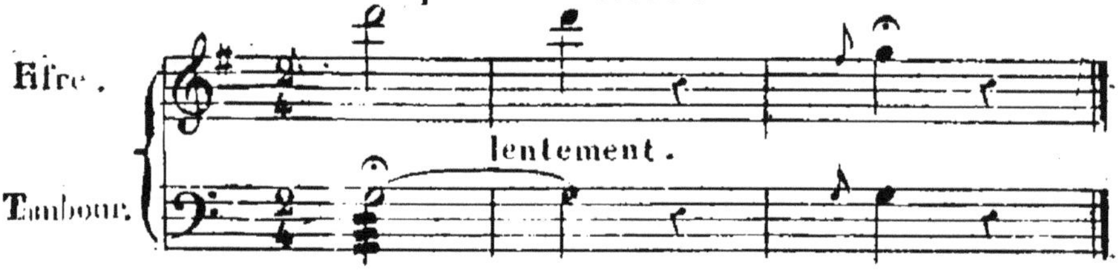
Fifre.
Tambour.
lentement.

Nº 9. Réveil. (♩ = 96.)

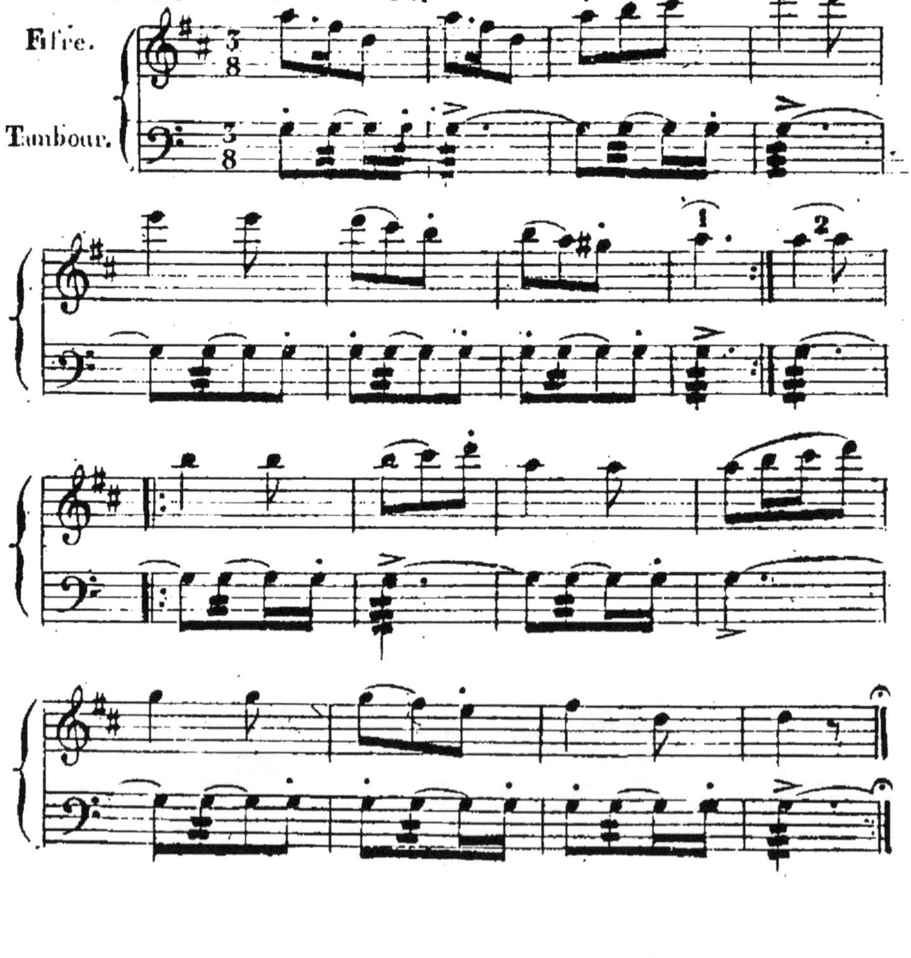
Fifre.
Tambour.
3
8
1
2

N.º 10. Assemblée (♩. = 112.) N.B. Quand on bat l'assemblée pour le défilé,
de la garde, afin de raccourcir, on ne la répète pas, et on bat avant l'appel du N.º 3.
Fifre.
Tambour  
N.º 11. Coup de baguette pour marcher le pas non caden-
-cé, ou pour espacer les rangs, ainsi pour la garde descendante.
N.º 12. Troupes de garde.(♩ = 112.)
Fifre.
Tambour

La Générale. (♩=80)
N.º 13.
Alarme du feu.
N.º 14.
pp
p
cresc.
f
ff
p
pp
f
p
pp